# समय के शहर में

# समय के शहर में

अनामिका

वाणी प्रकाशन

**वाणी प्रकाशन**

*4695, 21-ए, दरियागंज, नयी दिल्ली 110 002*

फ़ोन : +91 11 23273167 फ़ैक्स : +91 11 23275710

**शाखाएँ**

*अशोक राजपथ, पटना 800 004, बिहार*

*कॉफ़ी हाउस कैम्पस, महात्मा गांधी मार्ग, इलाहाबाद 211 001, उत्तर प्रदेश*

*महात्मा गांधी अन्तरराष्ट्रीय हिन्दी विश्वविद्यालय, वर्धा 442 001, महाराष्ट्र*

*सुल्तानिया रोड, मोतिया पार्क, भोपाल 462 001, मध्य प्रदेश*

www.vaniprakashan.in
marketing@vaniprakashan.in
sales@vaniprakashan.in

SAMAY KE SHAHAR MEIN
*by* Anamika

ISBN : 978-93-89563-01-6
Poetry Collection



प्रथम संस्करण 2019

मूल्य : ₹ 299



*जयंत प्रिन्टरी एलएलपी, मुंबई-2 में मुद्रित*

*वाणी प्रकाशन का लोगो मक़बूल फ़िदा हुसेन की कूची से*

# प्राक्कथन

बचपन में कवि-पिता, श्यामनन्दन किशोर के साथ कविता की 'अन्त्याक्षरी' और 'समस्यापूर्ति' खेलते हुए जो काव्य-यात्रा आरम्भ हुई, उसने चीज़ों को गौर से देखना और ध्यान से सुनना निश्चित ही सिखाया! तब से अब तक कविता का परिदृश्य काफ़ी बदला है! आई.टी. प्रोफ़ेशनल की लय में कविता-प्रोफ़ेशनल बढ़े हैं! पूरे वर्ष में अनगिनत काव्य-पाठ हर संस्था कराती है! विदेशों में रचनात्मक लेखन की जो कक्षाएँ लगती हैं, उनमें सबसे ज़्यादा प्रत्याशी काव्य-लेखन की ओर उन्मुख होते हैं! हालाँकि कविता नाम की यह विधा स्वयं 'प्रतियोगिता' के परे जाकर 'सहकारिता' में रमने की बात कहती है (नाटक से संलाप, कथा से कथानक, संगीत से लय, चित्रकला से बिम्ब लेकर बढ़ता है इसका शिल्प), फिर भी हज़ार 'काव्य प्रतियोगिताएँ' आयोजित होती ही रहती हैं। 'इण्टरनेट' जब से हवाई फायर के गुरिल्ला बेस की तरह विकसित हुआ है, रात-बिरात 'वॉट्सऐप' समूहों पर कविताएँ कुरुलिया चिड़िया-सी लगती हैं चूँ-चूँ करने! देशी-विदेशी कविताओं के अच्छे अनुवाद जो 'इण्टरनेट' पर सहज उपलब्ध हैं, उससे नये कवि भरपूर गपशप करते हैं जिससे काव्य-भाषा गहरे अर्थों में अन्तःपाठीय हुई है—चटक, शोख, चुटीली!

मेरे पुराने संकलनों से भी कुछ कविताएँ अन्तर्जाल पर और समवेत संकलनों में उपलब्ध हैं, पर ज़्यादातर संकलन बाज़ार में उपलब्ध नहीं, इसका उलाहना समय-समय पर शोधार्थियों और नये पाठकों से मिलता रहा जिन्हें पुस्तकालयों से या मेरे पास बची इकलौती प्रतियों के फ़ोटोस्टेट से एक लम्बे समय तक काम चलाना पड़ता! उन्हीं के स्नेहादेश पर नये कलेवर में वाणी प्रकाशन इन्हें पुनर्मुद्रित कर रहा है, इसका आभार!

मेरा पहले दोनों संग्रह 'शीतल स्पर्श एक धूप को' और 'गलत पते की चिट्ठी' क्रमशः 1975 और 1978 में विहार ग्रंथ कुटीर से छपे थे। मेरे स्कूल की डायरी से उतारकर माता-पिता ने सहज स्नेहवश वे कविताएं निकालकर 'एक कस्बाई लड़की की डायरी' बनी है। 'समय

के शहर में' 1990 में छपा था, 'बीजाक्षर' 1993 में, 'अनुष्टुप्' 1998 में, 'कविता में औरत' 2005 में, 'दूब-धान' 2007 में ।

मैं मुजफ़्फ़रपुर से उच्च शिक्षा के लिए दिल्ली विश्वविद्यालय 1982 में आयी। 1982 से 1998 तक के मेरे ये वर्ष इतने नये तरह के अनुभवों के कपाट मेरे सामने धकाधक खोलते चले गये कि मैं दंग। इसी बीच पिता का साया भी सर से उठ गया। मात्र इक्यावन साल के परमस्नेही और हँसमुख पिता ये कहकर गये कि मृत्यु का मातम क्या मनाना, उसी तिथि पर 'गुड़िया' की शादी कर देना जिस पर मैं तय कर गया हूँ... और महीने-भर के भीतर शादी कर भी दी गयी! लम्बे समय तक तो मैं अवाक् ही रही। उसके बाद धीरे-धीरे जो कविताएँ फूटीं–उनका छन्द नयी माँ के दूध की धार का ही छन्द था! देखते-ही-देखते वात्सल्य मेरे जीवन का स्थायी भाव बन गया! नयी माँ और नयी कॉलेज-टीचर की आँखों से जीवन-जगत् की जो विडम्बनाएँ पढ़ीं, उनका ही सजग साक्ष्य वहन करते हैं ये आगे के सारे संग्रह!

अपने 'समकाल' की पड़ताल करने चलूँ तो कुछ साझा लक्षण सामने आते हैं। मेरी पीढ़ी के अन्य कवियों से मेरा संवाद धीरे-धीरे ही बना और नब्बे के आस-पास ही। सोवियत संघ के विघटन के अवाक् दिनों में।

–अनामिका

# वक्तव्य

वैयक्तिक, सामाजिक, भौतिक, आधिभौतिक जीवन की कोई भी तकलीफ़ जीवन की विडम्बनाओं की एक महीन-सी समझ मनुष्य में अनजाने विकसित कर देती है। पीड़ा इसी अर्थ में प्रक्षालक है—मुक्ति के द्वार खोलने वाली। सृजन के क्षण एक गहरे एकान्त-बोध की उपज होते हैं। यह एकान्त-बोध वितृष्णा या मोहभंग-जन्य क्षणिक मरघट-वैराग्य नहीं होता। यह होता है विडम्बनाओं की पहचान के बाद की निस्संग दृष्टि जो सृष्टि के पहले के महाशून्य से उपजी थी जब ईश्वर को भी अकेला-अकेला-सा लगने लगा था।

शुरू में सिर्फ़ अँधेरा ही अँधेरा था, जल ही जल—फिर शब्द फूटे। शब्द अँधेरे से ही फूटते हैं। यही शब्दों की नियति है—प्रकारान्तर से कविता की नियति। शब्द प्रकाश की वर्णमाला हैं—प्रकाश की पहचान का आदिसूत्र, बीजमन्त्र। अँधेरे में रास्ता टटोलने के लिए जली दियासलाई।

शुरू में आदमी चाहता है इस एकान्त को थपकियाँ देकर सुला देना, क्योंकि यह तंग और बेचैन करता है। पर होता यह है कि थोड़ी देर के लिए बाँहों में ऊँघ भी जाये तो अचानक यह एकान्त लगता है बजने—और इस पर पड़ी थपकियाँ नगाड़े पर पड़ी थपकियाँ बन जाती हैं। इसी प्रक्रिया में शब्द परमाणुओं की तरह नाचते-काँपते कविता की शक्ल में सज जाते हैं ज़रूर, पर जो कहा जाना है—वह कहने से छूट जाता है—हमेशा।

इस उत्तर-आधुनिक परिदृश्य में कविता की स्थिति डाक में खोयी उस चिट्ठी की सी है जो चाहती है कहीं पहुँचना, पर पहुँच नहीं पाती। इस कठिन समय में जब समय से स्थान, देह से मन, समष्टि से व्यष्टि विच्छिन्न हो चला है (नाभिकीय नाल की) उनकी आपसी पकड़ छूट गयी है और 'आकाश से धरती की बन्द है बातचीत'—कविता चाहती है संवाद—आत्मा का आत्मा से, प्रिय का प्रिय से, कटु का मधु से, कल्पना का यथार्थ से, शिल्प का कथ्य से, इन्द्रियों का इन्द्रियों से, सुख

का दुख से, रूप का अरूप से, भाव का रस से, अतीत का वर्तमान से, परम्परा का प्रयोग से—मनुष्य का मनुष्य से। नैहर आयी बेटी से माँ का जैसा अविरल, अभंग, सतत प्रवहमान, सरस हृदय संवाद होता है—कुछ वैसा ही संवाद कविता जन-जन से चाहती है। घर के किसी कोने में अनादृत पड़े वयोवृद्ध, ज्ञानवृद्ध अभिभावक की तरह कविता चाहती है लोगों के सूक्ष्मतम भाव-तरंगों, सुख-दुख, उत्थान-पतन से जुड़ना, पर लोग उसे अभेद्य, अबूझ और अप्रासंगिक समझकर किनारा किये रखते हैं और उसका संवाद हमेशा अधूरा रह जाता है।

संगीत से ताल-छन्द-प्रवाह, चित्रकला, मूर्तिकला से बिम्ब, वास्तुकला से शिल्प और स्थापत्य, नाट्यकला से संवाद, कथा-जगत् से विवरण लेकर कविता अस्मिता से जुड़े गम्भीरतम सत्यों का सन्धान चाहती है। कविता चाहती है हमारे सपनों, हमारी जातीय स्मृतियों को अपना दूध पिलाकर हमेशा के लिए सुरक्षित कर देना। हमारे भीतर का जो कुछ भी कोमल, उत्कृष्ट, मधुर और प्रांजल है—उसका ही बीमा चाहती है कविता।

भाव का अभाव से सम्बन्ध चूँकि घनिष्ठ है, कविता वहीं फलती-फूलती है जहाँ राजनीतिक-सामाजिक-आर्थिक उत्पीड़न का इतिहास लम्बा हो। एशियाई, अफ्रीकी, लातिन, अमरीकी, जर्मन और पोलिश कविताएँ विश्व की बेहतरीन कविताएँ शायद इसलिए हैं कि इन भू-खण्डों ने झेला-भोगा-सहा बहुत है। स्त्रियाँ—विश्व-भर की स्त्रियाँ एक अलग नवोदित राष्ट्र-सरीखी धीरे-धीरे जगती हुई उत्कृष्ट साहित्य रच रही हैं और दे रही हैं एक ऐसी दृष्टि जिसे सारी सृष्टि ही परमाणु के नाभिकीय बन्ध के भीतर नाचती हुई दिखाई दे।

**—अनामिका**

# अनुक्रम

## बेजिल्द ज़िन्दगी


शीर्ष की टहनी 15
दादी का जम्पर 17
दद्दू की रामकहानी 19
ज़िन्दगी, जो फूल है कपास का 21
सूरज का खोंमचा 23
बेजिल्द ज़िन्दगी 25
हिमदीप 27
परदेश का एक और दिन 28
बीमार बच्ची का एकालाप 29
बाबूजी 32
पापा की आँखें 34
बुढ़उ बाबा का हुलास 36
पीपल 38


## दौंगरा


दौंगरा 41
बेटे के लिए 43
माँ 45
आश्वासन 46
चिट्ठी 47
बेटी की चिट्ठी 48
यूरेका 50
निषिद्ध 51
नन्हे रामदहिन की चप्पल 53
सपनों की पीढ़ियाँ 55

बच्चा 56
सम्बन्ध-शतक 58
माँ का बँटवारा 60
कैडाइलिस्कोप 61

## बातें

शब्द-फल्गु 65
बातें 67
दुर्घटना 69
संयोग 70
सन्धि-संघर्ष 72
रेत के अंकुर 74
मलबे के अंकुर 76
औकात 78
सिगरेट 80
नया वर्ष 81
देश : एक 83
देश : दो 84
भैरवी 85
शकुन्तला 86
ख़ुशबू 88
तमाशा 89
रोशनी 91
वक़्त बेचारा ठहरा-ठहरा 92
कोहरे का शहर 93
ये पत्थर 94
कहीं सुर ही नहीं मिलता 95
देह टूटती है लोगों की 96
ज़मीन से फ़रार हूँ 97
कोई सोये साथ 98
दिन 99
सूराख 100
क्षमा 101

## गृहिणी की डायरी


देह-वंशी 105
दो शहरों की नौकरी-1 107
दो शहरों की नौकरी-2 109
लोढ़ी की चिट्ठी 110
एस.टी.डी. 111
यादें 113
इन्तज़ार 114
मुक्तपाश 115
घर 116
साक्षात्कार 117
रात का घर 119
गृहिणी की डायरी 120
न्यायमूर्ति 122
सन्धि-पत्र 123
टिकट 124
टर्मिनल 125
सुबह की चाँदनी 126
ऋण-शोधन 127
मेरे मन की नागासाकी 130
पुराने प्रेमी का सन्देश 132
अपराध 134
प्रार्थना 135
गर्मी की साँझ 137
गीत 138
अवान्तर 139
आँखें 140
पेशानी 141
हँसी 142
होंठ 143
केश 144
बोली 145
घड़ी 146

चादर 147
आहटों की चिलमनों से 148

## मौसम

बारिश : एक 151
बारिश : दो 152
ऐसे झाँकी धूप 153
सन्नाटे 154
सुबह 155
दोपहर 156
शाम : एक 157
चिट्ठी 158
जेठ 159

## दीवाली परदेस की

नदी 163
दुछत्ती 164
बउआ की भूख 165
दीवाली परदेस की 166
चुप्पी 170
एकबैक 171
याद 172
बाढ़ 173
गन्ध 174
औरतें 175
दुःख 176
ऋषिका 177

# बेजिल्द ज़िन्दगी

# शीर्ष की टहनी

तुनुक हो, हल्की हवा से काँपती हो–
पर सदा से शीर्ष पर हो।
तुम किसी भी घोंसले का भार ढो सकती नहीं–
पंछियों के गीत फिर भी सब
तुम्हारे नाम हैं!
सूर्य की किरणें तुम्हारा नमन करती हैं,
गोद में बादल बरसते हैं,
तितलियाँ भी चूमती हैं पाँव–
फूलती हो,
पर तुम्हारी सुरभि तो है साँस अन्तिम-सी
बहुत ही क्षीण!
जड़ कहो हमको,
मगर हम जड़ नहीं हैं–
काल की बरगद-जटाएँ हमीं में आकर
सदा से लय हुई हैं–
गिलहरी क्षण की हमारे कोटरों में ही फुदकती है,
शेषनाग सुधियों का हमसे ही लिपटा है!
गेरुआ छाले लपेटे आर्ष तन में
सदा से ही पला है, हाँ,
उस प्रलय के गगन-जैसा मन
जहाँ छाया का क्षितिज पा
साधना की धूप यों निर्धूम सुलगी है कि जैसे
आरती के दीप
मन्दिर के धुँधलके में!
नाभि की गहराइयों तक महासागर की

हमारे पाँव वामन बोये हैं—

दुर्लंघ्य हैं हम—वेदना से अतल,

प्रिय की साध-से निष्कम्प!

हाँ, कुल्हाड़े तो सदा हम पर चले हैं

क्योंकि हम ही झेल सकते हैं—नहीं तुम।

हाँ, तुम्हारी नींव हैं हम—

इस तुनुक अस्तित्व का आधार,

संशयों से काँपती हो, क्षीण हो—

पर सदा से काँपती हो, तुम सदा से शीर्ष पर हो।

# दादी का जम्पर

बक्से में कपड़ों के नीचे बिछा है ज्यों
दादी के जम्पर का तार-तार साटन—
मेरे भी भीतर कहीं गहरे
रंग-उड़े, तहियाए सपनों के नीचे
यादों की महमह-सी पोटली पड़ी है...
कत्था-चूना-केसर-पान-फूल अंकवारे।
दादी के जम्पर पर रेशम के बूटे हैं,
हल्दी के छींटे, आटे की थपकन और
आदिम-सी गन्ध एक
संस्कार के बासी उबटन की।
संस्कार—हँसकर सब सहने का,
खँडहर की छत-सा चुप ढहने का
फल्गु की धारा बन रहने का,
अवरोहों की श्रुति-सा बहने का!
चुप्पी का अपना ही सौन्दर्यशास्त्र,
नीतिशास्त्र हुआ करता है—यही सोच
एक रोज़ दादी का जम्पर पहना मैंने,
लाज-शरम-चुप्पी का डाल लिया
झिलमिल आकाशी गहना मैंने!
घूँघट में छुपी चली जाती इस रूह की
पतली कलाइयों में चूड़ियाँ पिन्हाईं—
आस्था की सबुज रंग, नाज़ुक-सी चूड़ियाँ,
लहरों की पायल पहनी,
अंगराग की मिट्टी पीली थी—
मिट्टी की देह दीया बनी।

रोम-रोम में लौ-सी काँप गयी—
चुप्पी की चुप्पी से हुई कहा-सुनी!
तो...मेरी यह चुप्पी भी लड़ गयी,
लाख किये जतन मगर देहली तक लाँघ गयी,
गलियों में बढ़ गयी।
चुप्पी के पाँवों में छाले हैं,
दादी के जम्पर की पट्टी यह कहती है—
नस-नस में लोगों की
लाल-लाल फल्गु की धारा ही बहती है,
रेतीला घूँघट जब चमड़ी का हटता है...
किरणों की लाल नदी पर कुहरा फटता है,
मिट्टी के टीले पार सूर्य जगता है!

# दद्दू की रामकहानी

गैस के चूल्हे वाले घर की चिमनी हूँ मैं बहुत पुरानी
चिड़िया मेरे भीतर गुटरूँ-गूँ करती है,
लेकिन अपना नीड़ बनाने में डरती है—
इच्छा की सतरंगी पंखों वाली चिड़िया
रोज़ सुबह छत पर दाना चुगने आती है,
लेकिन धड़कन की आहट पा उड़ जाती है।
दूर-दूर तक मुझमें कोई धुआँ नहीं है, सर्द गर्द है—
ठण्डी चुप्पी जिस पर केंचुल छोड़ गयी है—
यादों के चरखे पर मकड़ी कात गयी है—
बहुत मुलायम, आँसू के तारों-सा झिलमिल सूत!
कि मैं ख़ाली होकर भी
इतनी सारी अनुगूँजों से भरा हुआ हूँ,
मुझमें पूरा-का-पूरा एक युग सोया है।
        वर्षा की बूँदें जब मुझमें छन गिरती हैं—
        दूर ऊँघती क्रिश्चियन मिस्ट्रेस की अन्तिम तनख्वाह की तरह
        धीरे-धीरे, सिहर-सिहरकर प्लान बनाने में उड़ती हैं—
कैसे-कैसे दूर देश में कहीं भतीजे खटते होंगे—
इंजिन होकर, मोटर ढोकर—
कैसे-कैसे अब बढ़ना है—
बचे हुए दिन बटुए में भर
उस झिलमिल परलोक के लिए
मनिऑर्डर जल्दी करना है!
        डाक-डाकिया, तार-बुलावा—
        सब-का-सब बस यही छलावा—
बिना धुएँ के ओवन-सी ही सुलग रही चुपचाप ज़िन्दगी,
गैस के चूल्हे वाले घर में चिमनी का अनुताप ज़िन्दगी!

व्यर्थ-व्यर्थ—सब व्यर्थ
किन्तु है व्यर्थ कहीं तो अर्थ कि आख़िर
चिमनी की मिट्टी में भी अंकुर उगता है,
छोटे बच्चे का उसमें झण्डा टँगता है—
घहर-महरकर, ठहर-ठहरकर
हर दीवाली घर का सबसे ऊँचा दीया
वहीं मुकुट पर लाल नगीने-सा जलता है।

## ज़िन्दगी, जो फूल है कपास का

हाँ, यह इलाका,
काली-गीली मिट्टी से पटी
यह समूची-की-समूची ज़मीन
इस ध्रुव से उस ध्रुव तक
मुहरबन्द है।
ज़िन्दगी जो फूल है कपास का,
निर्गन्ध लोंदों-सी उगती है यहाँ—
बोरों में भरी जाने के लिए
पीठों पर लदने के वास्ते,
धुनी जाने के लिए—रेशा-रेशा;
और धुनिया
बादलों के पार से
चाँदनी के तार टुनटुनाकर,
चाँद की अठन्नी ठनकाकर
तारों की बीड़ी पीता है,
कोहरे का धुआँ छोड़ता है,
पेड़ों का निर्लोम बाँहें फैलाकर
अँगड़ाई लेता-सा
लहरों की गाँठ-भरी उँगली पर
जोड़ता है
कर्ज़े का बाक़ी हिसाब।
रुई के फाहे ही ओढ़कर-बिछाकर
तुन्दिल सुख जागता है
महलों के भीतर
और पहरुआ बाहर
आँखों में सेमल के

लाल-लाल फूल भरे
जागता है
जंग-मढ़ी राइफल पर टेक दिये।
मैंने सुना है कि
रुई की बरफ़ के ही नीचे, पर
दरिया वह आग का
बहा करता है,
आँखों की धुआँ गयी लालटेन
और मन का चिनक गया दीवरा जिससे
रोज़ शाम चिनगारी माँग लाते हैं,
बेमतलब ही सुलगा करने को—
हुक़्क़े-सा, दमे के मरीज़ के।

# सूरज का खोंमचा

रोज़ सुबह सूरज जब बादल का खोंमचा उठाकर
भर्रायी आवाज़ में गुनगुनाता-सा
गलियों में आता है—
मन की इस खोली के टूटे दरवाज़े पर
मटमैली यादों की गाँती-सी बाँध खड़े
विकलांग सपने
मिट्टी के गुल्लक में सिक्के सितारों के टोहते-से;
बड़ी-बड़ी पलकें झुकाकर
खुसुर-फुसुर करते हैं बेमतलब!
अधसुलगी, कच्ची लकड़ियों का धुआँ चीर
बड़ी, लाल, टेढ़ी-सी बिन्दी लगाये
बिदुड़े होंठों वाली किस्मत की पगली बुढ़िया आजी
लाठी-सी टेकती बढ़ी आती है—
फैलाये लम्बे, बेतरह थके हाथ।
ताड़ों-खजूरों की सँकरी-सी छाया में
समय का ठठेरा उकड़ूँ बैठा
अधसुलगी बीड़ियाँ फफकता है और भूखी अन्तड़ियों के वास्ते
ठोंक-पीट गढ़ता है लोहे के चने—
गरम-सख्त, काले और लाल।
आँखों में भट्ठियाँ सुलगती हैं,
कानों में नाद अनाहत-ठक्-ठक्-ठक्-ठक्!
बैरागी गाता है टूटी सारंगी पर
दूर उड़ी चिड़िया-सा अनबूझ जाने क्या
घोंसले बिखरते-से कहते हैं फिर भी—
इन बासी सुबहों से अलग कहीं एक सुबह
जंगली गुलाब-सी अचानक ही

उग जायेगी जब भी झाड़ियों के पार,
सूरज का खोंमचा सभी को तब
सौंपेगा ठोंगे भरकर किरणें!

## बेजिल्द ज़िन्दगी

बेजिल्द–
ज़िन्दगी
लपलपाती, सुनहरी-सी जिल्द वाले
इन किताबी चेहरों के बीच
मुझको यों मिली–
मन्दिर की सीढ़ियाँ चढ़ते हुए
ढही हुई ईंटों से दबी
वेद की पीली, उदास पाण्डुलिपि
छू गयी हो पाँव से
अचानक ज्यों।
        काँपती उँगलियों से उठाकर
        सिर से लगाना चाहा,
        छूट गिरी गोद में–
        मुँदी हुई आँखों के
        आँसू-सी, जो
        किसी के नाम होकर भी
        किसी के नाम होते हैं नहीं,
        (शून्य में जगी-सी,
        शून्य को समर्पित-सी प्रार्थना)
दुखते नासूरों में
दूध उतर आया।
क्या किसी की गोद
ऐसे भी भरी होगी कभी?
पर फिर जाने कैसी हवा चली,
दूध में घुलने लगे जब रक्त के चक्के
और दूध आसव बन गया।

आसव की गंगा के ही तट पर
इसके तब पन्ने मैंने पलटे,
पी लेना चाहा हर शब्द घूँट-घूँट,
प्यालियाँ चिनकीं तो मगर
प्यास नहीं गयी।
साँस की अधूरी ऋचाएँ अब
मंगल-घट में धूमिल लहरों-सी
कभी-कभी जगती हैं, बजती हैं,
महाकाल-मन्दिर की सीढ़ियाँ ही चूमकर
लौटती हैं—मौन, नतनयन!

## हिमदीप

चिड़िया तो चरणामृत जूठा कर गयी, प्रभु,
पाँवों में रोली की मेहँदी कत्थई, प्रभु,
कुण्डलिनी में कैसा गूँजा यह शंखनाद—
किसने मन-मन्दिर की घण्टी आ छुई, प्रभु!
रोम-रोम में पिघली यादों के कोरस-सा
जगा गया कौन मधुर-मधुर सामगान नया,
ऐसे क्यों बिना हिचक, बच्चों-सी पाँव पटक
मचल गयी इच्छा की बेल छुईमुई, प्रभु!
आँधी है, कैसी यह आँधी है बेमतलब,
झटके, बेखटके-से आयी-सी, छायी-सी,
बदली यह संस्कार की फण फैलाए-सी,
शिवलिंगों पर सुलगी बाती की रुई, प्रभु!
गंगाजल, दूध-शहद, पान-फूल डालो तो,
यह लौ ऊँची लेकिन ठण्डी कर डालो तो,
चुप्पियाँ अगरबत्ती-सी धीरे जलती हैं—
बर्फ़ीले दीये की हालत क्या हुई, प्रभु!

## परदेश का एक और दिन

उतरती है शाम
बदबूदार कुरते-सी
पेड़ों के थके हुए कन्धों से,
चढ़ता है चाँद
धुली बनियान-सा
फटकर बीच में से चर्र!
        तारों की
        टूटी डण्ठलों वाली प्यालियाँ
        ख़ूब कड़क, गरम-गरम अँधियारा
        ढालती हैं हलक के भीतर—
        तो जान पड़ती है जान में!
धूप (कहीं उपले-सी चिपकी दीवार पर)
माँ की रसोई की लपट बन सुलगती है।
झन-झन-झन-झन बजती हैं उसकी चूड़ियाँ,
माथे पर एक बड़ी बिन्दी पसीने की
धक्-धक्-धक् करती है।
        ख़ूब सरंजाम से लिये टिन की ट्रे
        आती है पुरवा
        इसी तरह रोज़ दबे पाँव!
और खाँसकर पर्दे के पीछे से कोई
पूछता-सा लगता है कि दिन कैसा बीता,
        काम मिला?
आँखों-सा झप से झुक आता है
और एक दिन,
        एक और दिन!

# बीमार बच्ची का एकालाप

पापा, प्रिय पापा, तुम्हें पता है—
मैं सातवीं से आठवीं में आ गयी
तो श्रीधर ने मुझे एक बड़ा-सा गुलाब दिया—
सिगरेट की पन्नी का!
श्रीधर हर सब्जेक्ट में फेल है—
कल मैंने उसको सब बातें समझायीं
जो बचपन में ओवरकोट में मुझको दुबकाकर
नर्सरी लिये जाते हुए तुम बताते थे;
क़िस्सों में, गीतों में, अनगिन मुकरियों में
क्या नहीं सुझाते थे!
मिल्क-बिकी-सी मन में
घुल जाती थीं बातें—
रक्त के समन्दर में खिल आते थे कितने नीलकमल!
नीलकमल आज में महकते हैं, पापा,
तुम कहाँ हो?

दुविधा का सूरज जब उदयाचल पर अपने
काढ़ता है फण—धीरे खिलते हैं नीलकमल,
देर तक महकते हैं—कहाँ हो?
केवल गुलदस्ते के पार पड़ी फ़ोटो में
धूप जहाँ फ्रॉक पहन कन्धे पर बैठी है—
सिरचढ़ी बिटोली-सी?
इसे मैं हटाती हूँ,
गोद में आती हूँ—लेकिन तुम कहाँ हो?
अबकी पहाड़ों पर धूप बहुत तेज़ है—
हॉस्टल की छत से घर जाने का रास्ता

चम-चम चमकता-सा दिखता है—
टूटे थर्मामीटर के पारे-सी ऊभ-चूभ
नन्ही कुछ गाड़ियाँ
उतरती हैं घाटी में जहाँ से मुड़े थे तुम—
हँसकर टा-टा कहते
और फिर दिखायी नहीं देतीं—
बिल्कुल तुम्हारी तरह, पापा!
ये कैसी लुका-छिपी, पिताजी—
छिपे तो छिपे ही रह गये, अरे—
हार मान गयी तुम्हारी बेटी—
बोलो, तुम कहाँ हो?
घर के पिछवाड़े के मन्दिर का पेड़ा
केले के पत्ते के दोनों में
उड़हुल के फूलों के बीच से उठाकर जब
गप से खा लेने का मन हो ही आया कल—
मेस के उस कस्टर्ड से बदबू बहुत आयी!
और सुबह पूजा के आसन पर बैठा वह
श्वेत शालिग्राम-सा तुम्हारा तन अगरु-बसा
याद बहुत आया—
पीछे से ब्रह्मा तुम लगते थे, पापा—
आँखों से आशुतोष!
सबसे ज़्यादा तो वे पाँव याद आते हैं
जिनमें टेल्कम पाउडर मलती मैं
देर-देर तक तुमसे लड़ती थी—तुकों की लड़न्त,
खिलिर-खिल हँसती!
लीज़ा के पापा का रोज़ फ़ोन आता है,
हर दिन ही आ जाती है चिट्ठी—
क्या जाने कौन-सी हुई गलती,
मेरे ही पापा ने की कुट्टी।
इतनी सारी भूलें मैंने कीं—
पापा ने कभी तो नहीं डाँटा,
कभी-कभी ही उदास आँखों से देखा बस—
बस उतना ही रंजोगम बाँटा!

कैसे मैं क्या कर दूँ, पापा, अब—
कैसा प्रायश्चित्त चाहिए,
साँसों के गेट से टिकी हूँ मैं,
छोटी-सी एक लिफ्ट चाहिए।

## बाबूजी

पूज्य पिताजी,
सादर प्रणाम!
आगे का हाल है कि
धूप के धनखेत में
वो इतने बड़े-बड़े
बादल के खरहे
घुस आये थे जो—
वैसे ही हैं अब तक—
घहर-महर!
मौसम का बहेलिया
खिकिर-खिकिर करता था,
पूछता था आपके ही आने की बात!
बाक़ी ज़मीन अभी ऊसर है,
पुरवा की पंचायत बैठी थी—
हुक़्क़े सुलगे,
थोड़ी ख़ुसुर-फुसुर हुई,
फ़ैसलों के लँगड़े कौवे
आगे फुदके—
थोड़ा-सा,
पर कोई बात नहीं बनी—
बउआ काका आकर
हाल-चाल लेते हैं,
कोर्ट-कचहरी वे ही तो
सलटा देते हैं,
खरहों से खेलते हैं,

हँसते-बतियाते हैं,
क़िस्से सुनाते हैं,
मुकरियाँ बुझाते हैं,
बाँसुरी सिखाते हैं,
दूध पिला जाते हैं,
फिर थककर, इतनी लम्बी चुप्पी तानकर
पूछते हैं आपके ही आने की बात।
अम्मा उखड़ी-उखड़ी रहती हैं
सब-कुछ तरतीबदार करने में
खुद ही बिखरी-बिखरी रहती हैं!
सबसे परेशान रहती हैं,
उमड़ा-सा आसमान रहती हैं
और रात को
सबके सोने के बाद,
काम-काज सब
ख़त्म होने के बाद
ठाकुर-घर में
सीता रानी से
पूछती हैं आपके ही आने की बात,
पिछवाड़े शहतूत फूल गया,
आगे सब-कुछ मुझको भूल गया–
ज़र्रा-ज़र्रा, बूटा-बूटा अब,
आगे-पीछे, ऊपर-नीचे सब
पूछते हैं आपके ही आने की बात!
किससे मैं क्या बोलूँ, बाबूजी?
किससे अब मन खोलूँ, बाबूजी?
कभी-कभी मन ज़रा हरकता है,
कच्चा-सा बाँस कहीं पकता है,
कहीं कोई कोना चटकता है,
हँसते-हँसाते मन थकता है–
एक बार आपके आ जाने के बाद
गोदी में सोऊँगी, बाबूजी!
जी भरकर रोऊँगी, बाबूजी!

## पापा की आँखें

रात-भर चुपचाप झड़ी
यादों की ओस
मेरे भीतर की ठूँठ के
इकलौते पत्ते पर जमती है
और पत्ता
पापा की हँसती आँखों की परछाईं-सा
अम्मा के आँचल की लहरों में हिलता है!
बादल के पीले, ऊदे, ठिठुरे चूजे
सूरज की कलगी पर चोंच फेर...
धीरे से लेते हैं अँगड़ाई...
पूजा-घर में मेरे तकिए पर
यों ही निस्पन्द हुई लेटी है
पापा की अनखुली रज़ाई!
तकिए में एक गन्ध बसती है—
पापा की आँखें वे हँसती हैं।
अम्मा चुपचाप चाय पीती है...
पापा की प्याली अब रीती है।
पापा, हाँ, गये अब नहाने,
ज़िन्दगी का धूल-धुआँ धो आने :
आकाशगंगा के पार!
आँगन का हरसिंगार चुनती है...
माँ ख़ुशबू की सीढ़ी बुनती है :
धरती से अम्बर तक जाती है...
यादों की सीढ़ी ही थाती है!
माँ भी ऊँचा चढ़ती जाती है—
कभी-कभी नज़र नहीं आती है...

मेरी यह बाँहों की ठूँठ ज़रा बढ़ जाती...
अँखुवाती, अम्मा पर छाया तो कर जाती!
टेस धूप बेलगाम बेटी-सा डँसती है...
पापा की आँखें पर हँसती हैं, हँसती हैं।

## बुढ़उ बाबा का हुलास

जल्दी-जल्दी कट लेंगे
अब बचे पलों के धान
थोड़े दिन बबुआ के घर
जाने में रह गये, राम!
    गठरी-मठरी बाँध
    कभी की रख दी सारी।
    टेसन तक के भी
    भाड़े की है तैयारी।
पैदल काहे जायेंगे
जब पैसे हैं ही,
हुमच चढ़ेंगे टम्पू पर
आयेगी ज्यों ही।
    कितना अच्छा होता
    जो मुमड़ा कर छोटा
    हो जाता पतरी-सा
    यह पल-छिन का पोथा।
पोता मेरा सरकारी
स्कूल पढ़े है—
सुन री, भौजी,
फिर भी मेरी गोद चढ़े है।
    अगली बार गया
    तो तुझको ले जाऊँगा,
    ऐसा बोलेगा अंग्रेज़ी—
    मुँह बाऊँगा।
हाय, बुढ़िया मेरी
जो अब तक जी जाती,

बैठी पहलू में
सौ-सौ सौगात पकाती!
उसका हुक़्क़ा
ले जाऊँगा मैं झोले में,
चार दिनों में
लौट आऊँगा फिर टोले में।
ऐसा है कि उसके बाद
कहीं भी मेरा
जी थोड़े दिन में
उखाड़ लेता है डेरा।
बुड्ढे का मन
सचमुच बनजारा होता है,
टूटे थर्मामीटर का
पारा होता है।

# पीपल

किसी ज्योतिषी के आगे
फैलाए हथेली पत्तों की
ऊभ-चूभ बैठा है
पीपल का यह पौधा :
"मेरी माँ जी जायेगी न?
दीदी खाना लायेगी न?
भैया पढ़ तो जायेगा न?
अच्छे नम्बर लायेगा न?
बाबा घर आ जायेंगे न?
एक खिलौना लायेंगे न?"

# दौंगरा

## दौंगरा

आज मुझे हल्की मितली आयी :
आया जो जेठ का पहला, शर्मीला-सा दौंगरा—
अंगों में आम लगे पकने,
रक्त को चढ़ने लगी हल्दी,
आँखों के नीचे उतर आयीं
बरहम बाबा वाले पीपल की आदिम छायाएँ,
साँसों के पाँव हुए भारी—
बिछिया वाले, डगमग!
याद आ गया बरबस नैहर,
घर के पुराने बग़ीचे में ख़ामोश घासों का झुरमुट
जहाँ कई बरसों से कोई नहीं खेला,
दौड़ती रहीं बस गिलहरियाँ
दबे पाँव,
फिर भी किस धीरज से खड़े रहे पेड़ :
बाबा के ख़ाली सिरहाने माँ
सूखे होंठों की किस धुँधली ख़ामोशी से
लिखती ही रही हमें रोशन-सी चिट्ठियाँ,
भेजती रही सान्द्र आशिष।
चिड़िया का टूटा घोंसला सँभाले
चुप देखती रही
मकड़ी की एम्ब्रॉयडरी,
बरसों पुरानी/सिलाई मशीन में
डालती रही योंही
मेरी शादी में का बचा हुआ
तेल जवाकुसुम)

खोएँछे की ढीली गाँठ हुई
गर्भ की गुफ़ा।
घृत-तिलकित आग।
शिवलिंगों पर बैठे धुएँ के सँपोले!
मानसर में जैसे हंस उतर आया।
आँखों में मेरी उतर आयीं
मेरी माँ की आँखें
जैसे कि शाम ढले
पोखर में सूरज।
गागरें भरीं!
सात-सात अश्वों की वल्गा धरे कोई
मेरे ही भीतर की धूल-भरी सड़कों पर
विजयी सेनानायक-सा धीरोदात्त
बढ़ा आया प्यासा!
मेरे हर बिन्दु पर घटा उमड़ी
जामुन के आबदार गुच्छों-सी!
... .... ....
जामुन के गुच्छे उठाता
मेरा नन्हा पण्डित सैनिक अब, मेरा शिशु
मेरी ही दीवार लाँघ चला,
धरती डोली और काँपे पर्वत
पर्वत से फूटीं रस-धाराएँ दुग्ध-धवल,
सदियों रो बन्द गुफ़ा-द्वार खुले!
... .... ....
नहीं, इसे क्या करना है उड़नखटोले का
हाथी का, घोड़े का
देखते नहीं—कितने मज़बूत हैं इसके पाँव—
मीठे खाजे से, कँटीले।
इसको तो यों ही कर जानी है हर सरहद पार
सबको ही लिये चला जाना वहाँ है
जहाँ गिरा करती हैं पथरीली पुख़्ता दीवारें
चिड़िया के पंखों की आहट पर!

## बेटे के लिए

मैंने तेरे लिए
किया ही क्या है, मेरे बेटे,
तुझे अपने भीतर महीनों तक/एक घुप्प कमरा दे डाला—
और क्या किया?
गयी रात जब भी तू रोया—
भटकी हुई चिड़िया पंख उठा बैठी,
पेड़ ने भी पालना हिलाया
चुटकी बजा उठी लहरें,
चाँद के कटोरे से दूध छलक आया,
सबने ही मेहनत की, बेटे
तब ही तू पल पाया, ढल पाया!
हाथों में मेरे तब झुनझुने नहीं केवल—
आवेदन-पत्र थे, विज्ञापन की कतरनें,
बार-बार पढ़ने के बावजूद भूल रही
कोर्स की किताबें,
धोबी की बही के किनारे टँकी-सी वह
एलियट की कविता पर छोटी टिप्पणी!
दफ़्तर के पते ढूँढ़ती थी यशोदा,
कौशल्या को लोकल ट्रेन पकड़नी थी
कि टोस्ट के लिए मक्खन पा जाये मनमोहन,
आँगन में पैंजनी बजा पाने की ख़ातिर
पोलियो के टीके लगवा लाये रघुनन्दन!
मैंने तेरी ख़ातिर किया कुछ नहीं, लेकिन
जब भी तू स्कूल से अपने
कन्धे पर कोट लिये लौटता है परेशान—
आत्मा की नदी बाँध तोड़ती है,

आँखों की टहनी से झड़ते हैं
अक्षयवट के पीले पत्ते,
लहरों पर बह निकली प्राणों की कश्ती में
चेतना की निपट अपढ़ ब्राह्मणी
संस्कार की पूरी गठरी उलीचकर
पूछती है अपने
याज्ञवल्क्य सपने से—
पार-उतराई का ख़र्चा।

# माँ

माँ, तुम मेरी देवदार की पेटी हो!
जब-तब, ज्यों-त्यों संचय का हर मोती,
सूखे पत्ते, टूटा सपना, टूटी वंशी, टूटी कलमें,
बासी स्मृतियों के पीले काग़ज़-पत्तर बस तुममें उलीचकर
मन की औंधी-सी दराज ख़ाली कर ली है—
पर दराज का वही पुराना काला मकड़ा
अब तक अपना जाल बिछाए पड़ा हुआ है—
विष से बोझिल!
तुम मेरी अकुलाहट के ब्लॉटिंग पेपर-सी!
जो भी विष मेरी आँखों से रिस जाता है—
आँचल का बूटा बन तुममें छिप जाता है।
तुम मेरे साँवले हृदय के घूँघट-सी भी!
जनम-मरण के इस दो क्षण के कोहबर के मंगलघट-सी भी!
जब-जब मन यह पाले से ठिठुरी तितली हो जाता है,
काले-भूरे काँटों पर ही मौलाकर सो जाता है,
आँखों में सौ सूर्य तुम्हारे जगते हैं—
दूध तुम्हारा किरण-किरण से यों झड़ता है—
किसलय के नन्हे अधरों पर बल पड़ता है।
पर अब जब मेरी यादों की कोख भरी है,
अनुभूति के अतल गर्भ में एक फूल धीरे-धीरे, माँ—
पंखुड़ियों के नन्हे पर चटखाता-सा है,
साँसों में आलाप भर रहा है सौरभ का सामगान
कि दूर कहीं से दौड़ी आयी परछाईं-सी ही अनजान
तुम मेरी भोली-भाली-सी बेटी हो!
माँ, तुम मेरी देवदार की पेटी हो!

# आश्वासन

मन ऐसे डूब रहा है, ए अम्मा,
जैसे दूर कुएँ में ताँबे की गगरी
रोज़ उतरती थी रस्सी की गलबहियाँ डाले
दम साधे-सी, ऊभचूभ, डबडब!

तलछट के काले पानी में
परछाईं भी डुबकी लेकर
खो जाती थी जैसे माँ री,
मेरी इज़्ज़त,
मेरी हिम्मत,
मेरी सुध-बुध,
मेरी किस्मत
डूबी जाती है तिल-तिल कर!
पर माँ, तू मत घबरा जाना,
ये नम्बर एक खिलण्डर हैं—
डुबकी लेकर धुल जायेंगी,
तब तड़ से शीश उठायेंगी।

# चिट्ठी

उस दिन अचानक ही ज़िन्दगी के दरवाज़े
मौत का प्रतीक्षित वह डाकिया
दे गया हल्की-सी दस्तक—
मेरे सपनों ने मुझे एक चिट्ठी लिखी—
जैसे माँ को जब-तब
दूर शहर में पढ़ता बच्चा लिखता है—
आड़े-तिरछे अक्षर खींचकर
ऊँची उड़ानों की बातें,
नन्ही लड़ाइयों के बड़े-बड़े क़िस्से!
सच के सिरहाने वह
सपनों की चिट्ठी है—प्यारी, पर अर्थहीन!
यादों की मुहर-लगी
रंगीन टिकटें ये
रूह के लिफ़ाफ़े से हटाकर
उसकी ही ख़ातिर जमा करनी होंगी,
पर आँसुओं को गोंद बहुत सख़्त हुआ करती है
और रूह का काग़ज़ झीना!
चाँद के कटोरे में
ओस डालकर यों ही छोड़ दिया जाये तो
आस्था की चिनकी ये चूड़ियाँ सँभाले
धीरे-से छुड़ा लेगी हवा उन्हें!
बादल के एल्बम में
धीरे-से देगी चिपका
रोशनी का छोटा चौकोर।

## बेटी की चिट्ठी

अम्मा री, यह भीड़—
दीवाने के सिर-सी बेढब,
बादल-सी घुँघराली और अरूप,
ओसारे की हरी काई-सी थक्कम-थक्का,
राधा की फूटी मटकी-सी ढलर-ढलर
 यह भीड़
जमी रहती है हरदम यहाँ
कि जैसे अपने पिछवाड़े में बरखा का पानी
दम साध, अन्तड़ियाँ बाँध
पड़ा रहता था अक-बक्!

अम्मा री, परदेश कमाने आये साजन,
पटवारी को बेच बिहौती बर्त्तन-बासन।
नाले पर मिट्टी डाली, दीवार उठा ली,
टूटी ईटों से, टिन से छत आधी ढाली,
मैंने अपनी ज़री-किनारी की साड़ी का
गुलकर हाथों से दरवाज़े पर्दा टाँगा;
और दुआरे पर सारा दिन बैठे-बैठे
नेल-कलर की शीशी से/सोस्ती-श्रीडाली!
आस-पास के लड़के तब भिन-भिन-भिन भिनके
लिये बताशेदार बहाने आनन-फानन!
अम्मा री...
शुरू-शुरू में सब अच्छा-अच्छा लगता था,
मिल का भोंपू रोज़ भैरवी में बजता था,
मुझ पर पलटे खाते-से ये उठ जाते थे
जूठे मट्ठे से ही मुझको नहलाते थे।

और निकल जाते थे बस में तिरछा लटके
दूर तलक भी देख रहे-से पलट-पलट के!
धोती जब मैं धोती थी, छोहे का भभका
गेंदे-सा महका करता था हल्का-हल्का!
अपने ही मन में हरदम मुस्काती-सी मैं
रोज़ निहारा करती थी पौती में दरपन!

अम्मा री...
अब ऐसा है, मिल का भट्ठा बैठ गया है
शेखों के अब देश कमाने सेठ गया है,
अपना पानी-पूड़ी का ठेला चलता है,
बप्पा के संग बच्चों का मेला चलता है!
मॉडेल विद्यालय की गेट तलक जाते हैं
लिये छितनियाँ रोज़ तुम्हारे नाती-नातन!
अम्मा री...

# यूरेका

मन में तहाकर अधकही वो एक बात
यों रख ली मैंने
जैसे कि जल्दी में,
अधखाया टोस्ट टिफिन में डाल
क्लास भाग जाये बच्चा—
सबक रटता।
ख़ूब चुस्त बँधे बकल्स टूट गये—
अम्मा के पहनाये जूते ढीले होकर
फीते घिसटाते जब-तब अटके—
पाँव वे विचारों के
नन्हे-से, दूध-धुले
शब्द की जुराबों में ज़ब्त
कसमसाये
और नंगे ही दौड़ गये।

## निषिद्ध

एक चीज़ हुआ करती थी—'हउआ',
बचपन में।
नयनों की कुण्ठित-सी कलियों पर
हाथों के कोमल-से बेलपत्र डालकर
मन्दिर के खँडहर में
धर आया करते थे
चिड़ियों के क़िस्से फिर दादी से सुनकर हम
सोते थे एक बहुत उचटी-सी नींद।

सपने में 'हउआ' और चिड़िया का
द्वन्द्व-युद्ध होता था
धूल-भरी आँधी के बीच
और मिनट-भर में ही
'हउआ' चिड़िया होकर
चिड़िया हउआ होकर
काठ हुई छाती में अपनी
कोटर गढ़कर
गुटरू-गूँ करते-से
जाते थे बैठ।
प्रस्वेदित उठकर हम
लगते थे रोने तो
टेढ़ी ही बिन्दी कर
माँ दौड़ी आती थी
और थमा देती थी
चिनका-सा आईना—
प्रतिबिम्बों से खेला करने को।

प्रतिबिम्बों से खेले कई बरस,
तभी एक आँधी फिर आयी और
सैलाब धूल-भरा
टिड्डी-दल-सा उमड़ा।
प्रतिबिम्बों ने सतरंगी आँखें मींच कहा–
बहुत किरकिरी-सी है दुनिया तुम्हारी,
अब वापस हम दूबों के गाँव चले।
बस...तब से हम हैं,
यह किरकिरा एकान्त और
खुरदुरी तलाश एक हउए की,
जिसके बगैर यहाँ
जीना
निषिद्ध
है।

## नन्हे रामदहिन की चप्पल

मन्नू बाबा के ऐ अम्मा,
जूते नये-नये आये हैं,
मेरी भी चप्पल सिलवा दे—
बाबूजी के पड़े नहीं हैं?
मोची से कहकर कटवा दे।
उन्हें पहन मैं दौड़ जाऊँगा
मन्नू बाबा से भी आगे!
वह तो दूध नहीं पीता है :
मैं झट कैसे पी लेता हूँ
गरम-गरम जो माड़ सुबह
उनके घर से तू ले आती है!
राजा बेटा हूँ न, अम्मा?
तो तू मेरा काम करा दे—
भैया के हाथों भिजवा दे
मोची मामा के घर चप्पल—
बाबूजी के पड़े नहीं हैं?
थोड़ी-सी कहकर कटवा दे।
नहीं कराएगी साइज़ का
तो भी मैं अटका ही लूँगा,
फिर वह चुटुर-चुटुर कर मुझको
गीत सुनायेगी रस्ते-भर।
मन्नू बाबा के जूते तो
बिल्कुल चुप्पे हैं अम्मा री—
उससे अच्छी हैं न अपनी
चूँ-चूँ, चट-चट बजती चप्पल :

धूप-हवा से हाथ मिलाती
रेती से घुल-मिल बतियाती,
सोना-मिट्टी अंजती चप्पल!
उन्हें पहन मैं दौड़ जाऊँगा मन्नू बाबा से भी आगे,
आगे-आगे कितना आगे : मन्नू बाबा के हालाँकि जूते नये-नये आये हैं...

# सपनों की पीढ़ियाँ

बिना बिछावन की एक बेलमुण्ड-सी चौकी,
लोटा-डोरी और किताबें टालम-टाल :
एक शहर के कोने में हम पड़े हुए थे
अनजाने, अनचीन्हे-से जब सालम-साल—
लड़की एक टिफिन से अपने खाना मुझको
क्या जाने क्या सोच हमेशा दे जाती थी
और कहा करती थी : "मुझको ख़ूब पढ़ा दो,
इसी जगह मुझको भी टीचरजी लगवा दो!
घर में जब अम्मा को मेरी पगली दीदी
धम्मक-धम्मक-धम्म धुना करती है, बबलू
खिड़की-दरवाज़े उढ़का रोने लगता है,
पिंकू कान मूँद भूखा सोने लगता है।
बाबा की पी. एफ. में पैसा बचा नहीं है,
दीदी का जो ब्याह अभी तक रचा नहीं है,
भैया ट्यूशन करता-करता टूट गया है,
सबका मुँह धरता-सा खुद से रूठ गया है!
सारा दिन चक्कर-चक्कर-चक्कर ही चक्कर
खाते सिर में चक्कर भँवर-बना बैठा अब
कुन्द नाव-सी फँसी हुई उसमें चिन्ताएँ,
ठेलम-ठेल मचाये रहती हैं धाराएँ।"
वर्ष गये, वह लड़की अब भी कभी-कभी तो
सहमी-सहमी सहसा मिल जाती है मुझको
पानी से सड़ गये हाथ में कलम उठाकर,
गाँठ-पड़ी उँगली से ये पन्ने सहलाकर
कहती है, "मेरी बेटी को ख़ूब पढ़ाना,
इसी जगह उसको तो टीचरजी लगवाना!"

## बच्चा

घर से बच्चा चला गया है,
छूट गयी है एक जुराब।
जागी आँखों में छूटा हो
जैसे एक खिलौना ख़्वाब!

ये क्या पूरा वो ही घर है?
सीढ़ी पर बैठे हैं प्रेत।
अँधियारे की धुत्त शकल पर
बल्बों से गिरती है रेत।

पन्नों की फटती छाती पर
छूट गये हैं उसके अक्षर।
नन्हे पाँवों की अंजुरी भी
छूटी चादर की झुर्री पर।

साँस रोककर लेट गयी है,
इस कमरे की बन्द हवा ज्यों।
ख़ामोशी की डूबी धड़कन–
नीड़ छोड़कर उड़ी बया ज्यों!

चाँद टँगा मन के बबूल पर
कटी हुई गुड्डी-सा आकर
झंझट से या पिया गया दुद्धू
बिखरा है आसमान पर?

अधखायी-सी चॉकलेट की
चुम्मी लेने आयीं चींटियाँ।
आज मुझे ये इतनी प्यारी
जितनी ब्याही गयी बेटियाँ।

पूजा के दीये की लौएँ
टिमटिम-रिमझिम, घबराती-सी

उसकी आँखें ही लगती हैं
थकी-थकी, झिपती जाती-सी।
मन्त्र बोलने लगती हूँ तो
मुँह से निकले उसकी बोली,
वही ठुमकती, गदबद बातें
वही मचलती, मस्त ठिठोली!
जा रे भगवन्, यहाँ खड़ा क्या
करता है मेरी निगरानी
जा तू उसके पीछे दौड़ा—
जैसे दौड़ी धूप सयानी।

## सम्बन्ध-शतक

तुम मुझको नहला देते हो
कितने सजल प्रसंगों से,
उबटनदार उमंगों से!
सारी मिट्टी धुल जाती है
गंगावरण तरंगों से!
क्या हो?
मेरे पिता? सखा? माँ हो? क्या हो तुम?
कौर-कौर उम्मीद डालते
थककर खुले हुए मुख में,
सुख में, दुख में
तुम एक भाव से,
बहुत चाव से
बड़ी एक कंघी से सारी उलझन झाड़
गूँथ देते हो—
डाँट रहे-से कभी, कभी समझाते,
कड़ी हिदायत देते, गाल सटाते,
देते तोस-भरोस, कभी बहलाते,
सहलाते उँगली—
जीवन की कड़ी परीक्षा के
सारे ही प्रश्न अधूरे लिख घर लौटी उँगली!
सड़क-पार पहुँचाकर साफ़ पलटते
लहर महासागर की जैसे—
दिव्य भाव से व्यस्त,
व्यस्त जिसके तट पर
पंचांग सूर्य सप्राण!
तो लो ये अर्घ्य, करो स्वीकार,

ये आँखें लो
जो मेरी सहज-कण्टकित
देह-डाल पर पूरी चटकी
तुम्हें देखकर,
तुम्हें देखकर!

होंठ उठाओ—
धनुष तुम्हारा ही है।
बाँहें ले लो—
बाग़-बग़ीचे की पाइप-सी ही बेचैन!
दबवाये हैं कभी पाँव भीगे मृगाल-से?
आओ, मैं अब लगा आलता भेद मिटा दूँ
जन्मों के—
हे सखी-सखा!

## माँ का बँटवारा

ईंट-ईंट दायित्व ढोती
मेरी मज़दूरिन माँ
बाँट दिया करती है रोज़ शाम
आशिष, पैसे, होम्योपैथिक सुझाव—
        पुड़िया-पुड़िया
        सारे पुश्तैनी मर्जों के—
सबका मुँह जोहती
जैसे कोई खोयी आँखों से
खोयी तस्वीर ढूँढ़ता है—
सारी दराजें टटोलता,
और कहीं कुछ भी नहीं पाता!
        नहीं बाँटती लेकिन
        थके हुए कन्धों की अकड़न,
        याद के कुकर में
        चावलों-सी भँपाती ये धड़कन।
        जीवन की जकड़न!

## कैडाइलिस्कोप

नब्ज़ थामे
उँगलियों का एक कंगन-सा
मुझे पहनाये बैठा रहा कोई देर तलक!
हथकड़ी
न आम्रपल्लवबन्ध—
पीले सूत का
थी नहीं राखी,
वक़्त की वल्गा सँभाले घड़ी भी नहीं
था यह किसी
कैडाइलोस्कोप पर
बच्चे की सिहरी उँगलियों का घेरा—
जहाँ उसकी आँख
छोड़ती है एक नाव
रोशनी की लहरों पर।

# बातें

## शब्द-फल्गु

ध्वनियाँ हैं
धुएँ की लकीरें!
सृष्टि के आरम्भ में
वक़्त की मीनार की
सँकरी-सी सीढ़ी से
अगरबत्ती लिये कोई उतरा,
काले गुलाबों की तरह
राख बिखर गई,
धुएँ की लकीरों से
ध्वनियाँ उठीं।
एक जादू जगा!
कुछ शब्द ऐसे सजे
जैसे शीशमहल!

कोई किरण जज़्ब नहीं
हो पाती उन शब्दों में
दीवारें चूमकर लौट आती है—
सतरंगी टूटन की
चकाचौंध झेलती।
कुछ शब्द पेड़ बन गये,
रास्ते का
पेड़ जहाँ पंक्चर बनाता है
बूढ़ा करीमन!
गुब्बारे बिकते हैं;
कठफोड़ा करता है—
खट्-खट्-खट्।

कुछ शब्द
उतरती-सी शाम हो गये!
इन सागर-आँखों में
लम्बे खजूरों की ओट लिये
ढलता है
सूरज जब,
उजले कबूतर उड़ जाते हैं
बहुत दूर,
बादल की हैण्डलूम से
चश्मा पोंछकर
टेंशन में चुटकियाँ बजाता है
आसमान।
कुछ शब्द गूँगे उस गायक का
छोटा खयाल भी है शायद,
तानपूरा जिसका आकाश है।

कुछ शब्द हैं कुलहड़ की चाय!
अनकहा थोड़ा-सा
बच ही जाता है
चिनकी-सी पेंदी पर
धूप-सा गरम!
प्यास कभी ख़त्म नहीं होती।
ऐ मेरी विस्थापित आत्मा,
फिर भी
इस भाषा-फल्गु से
बालू हटाई है
थोड़ी!

## बातें

कहती थी दादी—
होती हैं कुछ बातें जो कोई कभी भी
किसी से नहीं कहता, फिर भी जो
रहती हैं किन्हीं प्रेतछायाओं सी
घर में,
दिल में,
ऊँचे पेड़ों पर!
अन्तःपुर के बाहर
अब भी तभी नहीं आतीं कुछ बातें।
माथे पर खींच-खींच आँचल रह जाती है—
मौन, नतनयन!
कुछ बातें—ये अम्मा की पेटी के
पुश्तैनी सपनों की सीलन में घुट-घुटकर
दम तोड़ देती हैं।
चप्पल ही होते हैं हौसले।
घिसटते हुए टूट जाते हैं।
कभी-कभी कोई नहीं जानता कि क्या हुआ,
पर कहीं कोई बड़ा हादसा अनदेखा जाता है गुज़र
पिछवाड़े की टुन्नी बिल्ली-सा!
कुरते की जेब अधखुली
बाबा के खूँटी से फँसकर यों आराम करती है
जैसे कहीं कुछ हुआ ही नहीं—
लेकिन होती ही हैं कुछ बातें—
खाँसी में उग आये रक्त के चकत्तों-सी
जमी-अधजमी,
बासी अख़बारों के गट्ठर-सी—खुली-अधखुली,

भैया दिन भर जिनमें ढूँढ़ता है
नौकरी की छुईमुई दुल्हन के पते,
देखता है टूटे आईने में
आँखों के ठहरे-से पानी में जम आयी
मुर्दा उम्मीदों की काई!
बातें—ये दिद्दा की ताख-चढ़ी चूड़ियों की झाँझ-सी
बजी-अनबजी बातें!
तारों के गोकुल से कोई भी वंशी-रव आता नहीं—
फिर भी मन ही कदम्ब झुकता है—
यमुनाती देह की कछार नहीं छोड़ती,
दीये मनौतियों के बुझते हैं रोज़।
नाचता है संस्कार का ग्रामोफ़ोन बेहवा—
नाचती है सुई, धुरी वही, कहीं कोई मगर आवाज़ नहीं!
अफ़वाहों का जब पड़ोस में
मौसमी अचार पड़ा करता है,
चटखारे लेते हैं लोग मगर
कहीं कोई बात नहीं होती।
बातें तो वे ही होती हैं जो कोई कभी, कभी भी किसी से नहीं कहता,
फिर भी जो होती हैं—बुझी-बुझी राख का धुआँ।
प्रीति के शिवाले में घण्टे नहीं बजते,
गहराई अख़बार छापती नहीं!
बिना गियर की ट्रक पर
बोरियों-सा भरकर जब हमको फेंका था
सरदार सौदागर ने—
हम तो तब से ही अन्धी-सी रेलपेल में
सीकर मुँह रहना जानते हैं
होती हैं कुछ बातें—कच्ची-अधकच्ची
इन मंज़िल से बहुत दूर राहों-सी
जो कहीं भी ख़तम होकर भी ख़तम होती नहीं,
रह-रहकर चौंकती हैं
गोदी में गरमाकर तुरत सोये बच्चे के नरम-नरम कन्धों-सी पसिनाई,
सुगबुग, लाचार!

# दुर्घटना

कट गये हैं पाँव मेरे,
पाँव जो अब दौड़कर तुझ तक नहीं जा पायेंगे।
सिरकटे पाँवों से तुझ को बाँध मैं कैसे सकूँगा?
हाथ, मेरे हाथ केवल ओढ़कर तू सो सकेगी?
कहाँ पहनाएगी मोजे, कहाँ काटेगी चिकोटी—
'मोहरी पतलून की ऐसी रखो—किससे लड़ेगी?
ख़ूब वर्जिश से बनाये थे गठीले पाँव अपने
झूलती थी रोज़ उन पर ही बिटोली उड़नझूला।
साइकिल की पैडलें मैं मारता था रोज़ ऐसे
जैसे ख़ाली डाल पर आँधी में बरसाती हिण्डोला।
कौन-से घुटने?
कहाँ अब रोज़ के भवजाल से भन्ना गया यह सिर टिकेगा?
मौज में कैसे उछालूँगा टिनें फुटबॉल-सी मैं?
दफ़्तरों के काट चक्कर, राशनों की क्यू में लगकर,
पर कभी ये कट भी लेंगे
और सारे दोस्तों-से,
ये कभी सोचा नहीं था।
बस रुकी है, बस चलेगी
बस न केवल मैं चलूँगा—
रक्त की हल्की लकीरें छोड़कर
पहिया भगेगा, भाग लेगी भीड़—
लेकिन राम, मैं कैसे भगूँगा?
ज़िन्दगी पूरी किसी रद्दी की टिन-सी ढह गयी है,
पर इसी से एक मैं किरणों की बैसाखी चुनूँगा
और उम्मीदों के जनपथ पर पुरानी शान से
बढ़ता रहूँगा।

## संयोग

क्या यह महज संयोग है,
ऋषिराज,
कि जंगल में
आग लगने के पहले
टकरा जाती हैं दो शाखाएँ—
पागल हवा
खैनी मलती है जब?
क्यों वे ही शाखाएँ दो
टकरा जाती हैं—
अग्निगर्भ?
और अगर प्रकृत है—
तो इतनी देर,
इतने वर्ष आग दबी कहाँ रहती है—
पेड़ आस-पास ही
खड़े हों जब?
कैसा वह उन्मीलन होता है,
कैसा पटाक्षेप,
कैसा भ्रम-भंग—
नींद से जैसे कि कोई
जाग जाये—
रिप वैन विंकिल की नींद से,
सदियों-सदियों-सदियों बाद—
सब कुछ पकड़ से,
पहचान से
छूटकर निकल जाये तो

अपना तमाशा ख़ुद देखता है आदमी—
दूर खड़ा-खड़ा,
आँख मलता-सा;
अपनी रफ़्तार बढ़ी जाती है आग,
अपनी रफ़्तार बढ़ा जाता है
दरिया का पानी।

## सन्धि-संघर्ष

एक घनघोर जंगल
उगा है मेरे भीतर
और बाहर कटी-छँटी
वाटिका है–
दोनों के बीच की
दीवार-भर हूँ।
पथरीली, पुती हुई बाँहें मेरी
फैली हैं–
आड़ी-तिरछी
और मेरे सिर पर ठुंके हैं–
कीलों के, काँटों के
टेढ़े-मेढ़े दाँत–बदरंग, पैने।
धूप बासी चुटकुले सुनाती है जब-जब,
एकदम से दमक जाते हैं एक बार
इधर से उधर तक।
और चकाचौंध से खिंचे सपने–
स्कूलों से भागे बच्चों-सा डरे हुए–
मुझे लाँघ जाने की अन्धी ललक में
दागते हैं सीने पर मेरे
रक्त-सने पाँवों के कुछ
अनमिट थपके।
गुस्सैल गाय-सी हवा
पगुराती है मेरी छाँह में
और फिर अचानक ही
ढाही-सी मारकर रंभाती है।

बहुत दूर, बहुत दूर, बहुत दूर
कहीं एक कोना तब मेरा
हौले से काँपकर झड़ता है ऐसे–
दुखिया की अम्मा की
आख़िरी बची छागल
का नग बेआब
काम-काज की धुन में
चुपके-से झड़ता हो जैसे।

## रेत के अंकुर

निस्तब्ध, निस्तेज साँझों में
जब ज़िन्दगी मुझे कहीं से कोई दीया नहीं दिखाती–
खिड़की से मेरी
एक नन्ही-सी लौ झाँक जाती है–
दूर कहीं जलती है
यादों की ऊँची मुँडेर पर
टूटी-सी ढिबरी–धक्-धक्!
दूर तलक यह उजास जाती है
और मेरी लावारिस भूलों की भीड़
आ जाती है चन्दा माँगने।
मैले नाखूनों वाली
भूखी भीड़
कभी शोर नहीं करती,
पर देखती है गौर से–
जैसे पहचानती हो,
जनमों से जानती हो!
देने को क्या दूँ मैं?
कभी कोई सपना या
रातों की नींद
कोई भेंट नहीं होती।
ऐ मेरी भूलों की भीड़,
जब-तब मेरी उमड़ी है छाती–
पर अब सचमुच अंगीकार करती हूँ–
गोद लेती हूँ, तुम्हें स्वीकार करती हूँ–
पत्तों पर बारिश के दस्तख़त से,

—बादल के शंख फूँककर
करती हूँ स्वागत तुम्हारा,
उमड़ो दोबारा
काठ हुई, नेम-टेम वाली इस बीमार
छाती में करवट लो,
झूला झूलो, रेती में फूलो!

## मलबे के अंकुर

एक दिन
जब उस बूढ़े रसोइए ने
बादल की पिढ़िया पर उकड़ूँ हो
छौंक ही डाला हमें
उम्र की धधकती कड़ाही में–छन्न से,
तुमने, ऐ अभिलाषा,
कितने यत्न से अपने
चिनकी चूड़ियों वाले
पानी-लगे हाथ में
सोने की कलछी थामी
और हिलोरा हमको टूटने तक।
नमकीन पानी में खौल-खौल अन्ततः
परम्परा के बिदुड़े होंठों का कौर बने!
पर ऐसा कुछ है कि
निगले नहीं जाते,
हिचकियाँ जगाते-से
गले में अटकते हैं
मलबे में थूक दिया जाने को अन्ततः–
सुगबुग-से धुएँ के सँपोलों से डँसे हुए,
जले हुए, बेस्वाद, रूखे, पर सत्वसिक्त!
पढ़ा है किताबों में,
क़िस्सों में जाना है–
नमकीन-मीठे भी
लोग हुआ करते हैं,
बहुत कुरमुरे-से,

पर डिब्बों में बन्द!
जाने दो, डिब्बों में
बन्द तो नहीं हैं हम–
चौराहों पर बिकने के वास्ते।
उनसे तो बेहतर है
किस्मत हमारी
जो कि किसी ब्राण्ड में बँधे,
पीली तश्तरी में सजे!

## औकात

दुर्ग के प्राचीर पर
छोटा-सा पीपल
अँखुआया है, सन्तरी!
माली से कहना बेकार है,
कितनी तो ऊँची दीवार है
और वहाँ कोई भी सीढ़ी जाती नहीं,
ठीक वहीं चुकती है
सारी लग्गियों की ऊँचाई!
क्या होगा, सन्तरी? क्या होगा, राम-राम, क्या होगा?
अँखुवाना यों शाही हुक्म के ख़िलाफ़,
बाँहों में आँधियाँ झुलाना,
आकाश के कन्धे थपकाकर
सूरज से मिलना-बतियाना,
उफ़, सारी मर्यादा भूलकर
सबके सिर पर यों चढ़ जाना!
क्या होगा, सन्तरी,
हरि ऊँ!
क्या होगा, लोग क्या कहेंगे,
अपनी औकात में रहेंगे–
अब, क्या समझते हो,
बागों के फूल भी?
जंगल तरंग है,
महुए की गन्ध है
और गन्ध फैल गयी।
अनुशासन का कैसे क्या होगा, सन्तरी?
एक नया फरमान यही सही–

सीधी ही रक्खें अब नाक सभी,
मर्यादा का मतलब सीध नाक की,
आँखें उठेंगी तो नाक चढ़ेगी ही!
बन्धन टूटेंगे, सीमाएँ ढहेंगी ही!
मर्यादा का मतलब सन्तुलन,
तेल लगाकर सीधी रखी गयी नाक,
भिंचे हुए होंठ और अधखुले नयन।

## सिगरेट

आँख मींच सारा दिन
एक अदद कश में निचोड़कर
भक्क उड़ा देने की कोशिश
रातों के फेफड़े में
हल्की सड़ाँध-सी जगाती है,
एक सर्द धुआँ कहीं उठता है—
सपनों की उँगली जल जाती है।
फूँके नहीं फुँकती नन्ही-सी तीली;
लपट फण गिराकर जब साँप-सी मचलती है:
आग की नदी छोटी,
राख के समुन्दर में
दूर तक उतरती और
देर तक ठहरती है।

## नया वर्ष

नया वर्ष!
अख़बार कह गया—नया वर्ष।
दायित्व पुराने कैलेण्डर-से टँगे रहे!
कि उन्हीं पुराने सपनों का संसार
कह गया—नया वर्ष!
बिस्तर पर आड़ी-तिरछी
सोयी साथ किताबें वे ही थीं—
मौसम के पाँव
कुहरे की ये फटी जुराबें वे ही थीं—

(सूरज गुठली-सा
फील पाँव के
धीरे-धीरे निकला था!)
सब-कुछ तो वही पुराना था—
रस्ते-मंज़िल,
नावें-साहिल—
वे फेरे, वही ठिकाना था!

सपनों की नीम देहली पर
पीले पत्तों की चिलम ठोंक
कुछ धुआँ-धुआँ-सा कहती थी—
यह मन मनचले नवासे-सा बस
भागा-भागा फिरता था,
पर यादें छोटी बिटिया-सी
गोदी में सिमटी बैठी थीं!
यह नया वर्ष क्या होता है,
उत्साह-हर्ष क्या होता है—

डायरियाँ बदलती हैं लेकिन,
मजमून वही तो रहते हैं—

कुछ धूम-धाम,
कुछ हाव-भाव,
थोड़ी रिझान,
थोड़ा तनाव,

कुछ थकावटें,
कुछ बुनावटें,
थोड़ा उफान
थोड़ा कसाव!

सुबहों से शामों तक साँसों की उठा-पटक, आपाधापी—
पिंजड़े में उड़ती-सी चिड़िया—
जितना छेड़ा, उतना काँपी!

## देश : एक

काम-काज से थककर लौटने के बाद,
लौटने के बाद जैसे लौटता है बॉल—
दीवार से माथा टकराकर—
रोज़ मेरी सोच
एक प्याला औंटाए आश्वासनों के साथ
बासी अख़बार पढ़ा करती है—
तहियाकर सिरहाने रखा वह
थकी हुई यादों का पीला अख़बार
जो आस्था की हत्या,
मूल्यों के शेयर की गिरावट,
शान्ति के पागल बलात्कार की ख़बरों
का पक्का ब्रेख्टियन मंच है!
मदर करेज की गाड़ी-सा चलता
सम्पादकीय आज चुस्त है—
अगर-मगर-मगर-मगर
चलें कहाँ, जायें किधर
हमसे तो मौसम ही रुष्ट है—
लोग बोते हैं काँटे तो उगते हैं फूल,
हमने बोये आम और उग गये बबूल।

## देश : दो

जीहुजूर राष्ट्रीय गीत है—
बड़े-बड़ों को फॉरवर्ड मार्च करा जाता है,
कितनी ही मैली, मौलायी-सी प्रतिभा हो—
फौरन धुलवाकर स्टार्च करा जाता है।
जो राष्ट्रगीत नहीं गायेगा—
झण्डे-सा कैसे लहरायेगा?
सचिवालय की भट्ठीदार
लौण्डरी का जो
ख़र्चा भी नहीं उठायेगा—
कैसे वह नौकरी के चाँद के
सारे कलंक छुड़ा पायेगा!
किसी बड़े मन्दिर का कोई बड़ा भक्त हो,
बिना पर चढ़ावे के क्या प्रसाद पायेगा—
दरवाज़े पर बैठा भूखा मर जायेगा।

## भैरवी

एक स्वप्न की सड़ती लाश पर सवार
दूसरा बावला-सा सपना
करता है कापालिक साधना—
टूटता नहीं सिलसिला,
भैरवी जगाता है काल—
महामौन गाती जाती है लहर—
आँखों में गर्मी की शाम लिये
और मन में पूस की दोपहर!
धूनी रमाती हैं भूलें।
यादों का हठयोग टूटता नहीं,
जीवन का कर्मकाण्ड ताम-झाम लेता है,
हँसता है बूढ़ा जादूगर
बादल के पार!

## शकुन्तला

लड़की, चौबीस बरस की लड़की!
हाथों के रोएँ उखाड़ती
पद्मासन में अपनी खिड़की के आगे ही
रोज़ सुबह पॉकेट-बुक, पत्रिका पसारे
योग किया करती हूँ—चिन्तित-सी!
        दुर्गा-चालीसा की कैसेटें बजाती हूँ,
        हॉर्लिक्स की खाली शीशी के गमलों में
        भर-भरकर अंजलियाँ मैं पानी पटाती हूँ।
हिरण नहीं, टॉमी पर रोता है मन भरकर
कमरे में छोड़ उसे जब दफ़्तर जाती हूँ।
मेरे दुष्यन्त मुझे बस में, चौराहों पर
आखेट-मुद्रा में दीखा जब करते हैं—
नज़रें बचाती हूँ,
कोई भी प्रियम्वदा दृष्टि पर
मुझे नहीं कहती है तगःगूत
या चुटकी लेकर ही कहती है झूठ-मूठ—
"देख, गली का काला, गदबद बच्चा
बन जायेगा तेरा मेघदूत!"
सारा ही शास्त्र उलट-पुलट हुआ जाता है—
दुर्वासा का दफ़्तर सिर्फ़ नज़र आता है—
        क़दम-क़दम!
मेरी अँगूठी क्या खोयेगी, प्रियम्वदा,
उसकी तो पॉलिश ही झड़ी चली जाती है,
अपना ही चेहरा पहचाना नहीं जाता—
मछली को और बड़ी मछली खा जाती है!

गर्भ में कहीं मेरे पलता है भारत जो—
कहीं किसी मदर टेरेसा को सौंप कर
कम्युनिटी सेण्टर जाना तो होगा ही,
मेरे ऋषिराज पिता बीमार रहते हैं,
पैसा वल्लाह, अब जुटाना तो होगा ही।

## ख़ुशबू

दरवाज़े-दरवाज़े बाँट आयी है हवा
आवारा पत्तों का पीला अख़बार!
पतझड़ की बस्ती में ऐसा फरमान है—
खिलना अपराध यहाँ, गूँजा ऐलान है।
पंखुड़ियाँ ठिठकी-सी बैठी हैरान हैं—
ख़ुशबू ही सूली पर लटकी लाचार!
दर्पण का मोल आज अन्धों के हाथ,
बिखरा है चाँद और निखरी है रात,
सजकर विकृतियों की निकली बारात—
उज्ज्वलता धो आयी उठकर सिंगार!
अफ़वाहों के बीड़े गालों में दाब
कन्धे उचकाते हैं बादल नायाब,
हर आँगन बरसा है पीला सैलाब—
तुलसी का चौरा भी बैठा बीमार!
हर सच के चेहरे पर रखा है डाल
मर्यादा का घूँघट, मेघों का जाल।
सड़कों पर नाच रहे नंगे वैताल,
षड्यन्त्रों-से ठुमके फेनिल आधार!
उलटा ही पड़ा सदा आँधी का दाँव,
सागर की छाती में डूबी है नाव,
रोकेगा कौन भला बहने से गाँव—
लहरों का सम्पादक बादल के पार!

## तमाशा

हमने भी तमाशा देखा है!
बदली का स्याह हुआ चेहरा,
बिजली का हँसना मुक्तकण्ठ!
मौसम की रुँधी हुई चुप्पी,
लहरों का बकना अंट-शंट!
हर सहने वाले के सिर पर
जुल्मों का साफा देखा है!
जिसकी जितनी दुनिया उजड़ी,
दिल उतना ही आबाद मिला,
उनके ख़िलाफ़ का हर दावा ही
मुझको बेबुनियाद मिला!
तो सच के सूरज के मुँह पर
घनघोर कुहासा देखा है!
ऐसे तो दिन जाते ही थे,
कुछ थके-थके, कुछ मस्ताये!
पर आज ज़रा अनजाने ही
वे हमसे मिलने यों आये—
उचटी-सी ठण्डी आँखों में भी
प्यार ज़रा-सा देखा है!
सपने महलों का राज नहीं,
हम भी कुछ देखा करते हैं,
इन बिना नींद की आँखों से भी
हरसिंगार ही झड़ते हैं!
अनगढ़ मिट्टी की गुल्लक में भी
ख़्वाब तराशा देखा है।

चोटें चोटी तक लाती हैं–
हम इसी हौसले बढ़ निकले!
यह क़िस्साए-तोता-मैना था–
सोचा लेकिन, जब भी फिसले!
जीवन के कड़वे घूँटों में भी
दूध-बताशा देखा है।

## रोशनी

खुली-खुली किताब-से खुले-खुले वे दिन
हर्फ़-हर्फ़ आज भी तो याद है हमें!
घूँट-घूँट धूप झेल डबडबा गये,
खुली-खुली निबों के मछलियों-से वे नयन,
हाशियों के सर्द-शुष्क बियावान में
हहर-मगर उगे सियाह-सब्ज़ शाल-वन!
शालवन फलाँगते हिरण हुए वे दिन
हर्फ़-हर्फ़ आज भी तो याद हैं हमें।
गुनगुना उठा धुआँ उदास-सी ग़ज़ल–
बेख़याल-सा चिराग दर्द का जला।
ज़िन्दगी की दास्तान तो अजीब है–
रोशनी बढ़ी तो अँधेरा भी बढ़ गया!
धूप ही से छाँव को खँगालते वे दिन
हर्फ़-हर्फ़ आज भी तो याद हैं हमें!
शाम ही से आज घनी धुन्ध घिर गयी,
आस-पास के वजूद गैर हो गये!
चाँद भी उदास, अकेला-सा हो गया,
हौसलों-से डूब सितारे जो सो गये!
किश्तियों-से साँस की ढले-धुले वे दिन
हर्फ़-हर्फ़ आज भी तो याद हैं हमें।

## वक़्त बेचारा ठहरा-ठहरा

मुट्ठी-भर का बना आदमी, एक हाथ की नाक—
छतरी जिसकी भारी, उतनी भारी धाक!
चुगने वाले ऊपर-ऊपर सारी गरमी चुग बैठे,
हमने आग जलायी थी पर मुट्ठी आयी राख!
एक नज़र की करवट से ही सारे सपने टूटेंगे—
भरम-भरम ही रहने दो पर—कौन उठाये आँख!
हंसों के पर कौओं के बाज़ार हुए नीलाम—
तुम्हीं उड़ोगे, भैया, अब तो तुम ही तोलो पाँख!
अच्छा साथ निभाया तो है दुनियादारी ने अपना—
ऊपर से जो चिपके थे, थे भीतर फाँकम-फाँक!
वक़्त बेचारा ठहरा-ठहरा बाक़ी घण्टे गिनता है,
दुनिया के संग दौड़ गिरा ली अपनी सारी साख।
किसके दम पर ठहरा है ये सारा आलम, क्या कहिए—
हर चेहरे का रंग एक है, तेवर लाखों-लाख
यह सौदागर कैसा तेरा फैल रहा व्यापार—
जिसकी जितनी क़ीमत कम है—उतनी ज़्यादा हाँक!

# कोहरे का शहर

कौन किसका दर्द बाँटे—सब यहाँ बीमार हैं—
कोहरे का शहर है यह—खिड़कियाँ बेकार हैं!
चाभियाँ दो—चल पड़ेगा—आदमी है काठ का—
काठ के उल्लू उड़ेंगे—अब यही आसार हैं!
पन्नियाँ जमकर लपेटे बिक रही हैं हसरतें—
आज रिश्तों के महल में सज गये बाज़ार हैं—
जीहुज़ूरी गावतकिए-सी बिछी है हर तरफ़,
कामयाबी मसखरों को ज़ीनतेदरबार हैं
शब्द हैं मक्खी शहद की, काट खायेंगे मगर—
रौंदकर यह बाग़ जाते अब कहाँ सरकार हैं!

## ये पत्थर

बहुत संघर्ष होने से ये पत्थर आग बनता है,
बहुत छूने-मिटाने से तो बूटा दाग बनता है।
नहीं खिल पाये जो वे भी चमन के जानेमन ही हैं,
कि हर अन्दाज़ से फूलों से दिलकश बाग़ बनता है।
कहीं सुरतान लम्बी तो कहीं छोटी-सी श्रुतियाँ भी,
सभी मिल बैठते हैं तो सुरीला राग बनता है।
कि सीमा है जो कहने की, वही सीमा है सहने की,
बराबर छेड़ने से हरहरा भी नाग बनता है!
कि सुख के भी झमेले हैं कि दुःख के भी झमेले हैं,
सुखों में घोल दो दुख तो, नशा अनुराग बनता है!
सभी किस्मत के मारे हैं, किसी के भी हों, प्यारे हैं—
जो मानो तो ये आपस का उलझना फाग बनता है!

## कहीं सुर ही नहीं मिलता

बड़ा ख़ुदगर्ज़ मौसम है, कराये जो वही कम है,
सभी की उँगलियाँ बोझिल, सभी की चाल मद्धम है।
सुनाएँ किसको जाकर बेवजह हम दास्ताँ अपनी,
जिधर देखो, उधर झुकती निगाहेयार पुरनम है।
अरे यह राज किसका है कि सारी आँधियाँ चुप हैं,
सभी के पाँव कीचड़ में, सभी के हाथ परचम है।
नहीं, कुछ हाल मत पूछो, खिज़ाँ की शान देखी है,
नसों में आग बहती है, मगर होंठों पे शबनम है।
चलो अब फूँक भी डालो, हटाओ शान्ति की समिधा,
ये कैसा यज्ञ है भाई, जहाँ हर शंख बेदम है।
कहीं सुर ही नहीं मिलता कि सब बेताल-सा ही है
कि जाने कौन-से सप्तक की अपनी साँस सरगम है।

## देह टूटती है लोगों की

देह टूटती है लोगों की, सारे गाँव बुख़ार है,
वैद्यराजजी, इस बस्ती की किस्मत ही बीमार है।
वक़्त बिछौने पर लेटा है, फील-पाँव के टोप से,
सबकी डोली रुकी हुई है, बहुत गरम दरबार है।
इस पनघट से प्यासे लौटे घण्टों हम बैठे-बैठे,
कच्चे घड़े उसूलों के ही रंगता रहा कुम्हार है।
बड़े-बड़े झुमके पहने है पके बुढ़ापे में वहशत,
जितना ही बूढ़ा गुनाह है, उतना नाज-निखार है।
सपनों की गीली पुआल पर गेंदे की बासी माला,
क्या जाने परवान चढ़ गया किसका मान-दुलार है।
कड़ी सुरक्षा के नारों से गूँज रहा है चौबारा,
छत पर तोरण टाँग रहे हैं, टूट रही दीवार है।
भूख सभी की बढ़ी हुई है, नीयत चिनकी प्याली है,
खलिहानों की हर सुरंग पर चूहा चौकीदार है।

## ज़मीन से फ़रार हूँ

क्या नहीं मिला मुझे कि कुछ नहीं गिला मुझे,
कि मौत आके मिल गले कि जाम भर पिला मुझे।
कि कमअसर कि मुख़्तसर ये ज़िन्दगी का जाम है,
कि रात जागती कटी, हुई सहर, सुला मुझे!
गिरी-उठी, उठी-गिरी, वे ठोकरें अजीब थीं,
कि बार-बार खींच भी नहीं सकीं रुला मुझे।
लपट उठी, झपट उठी कि प्रीति बन कपट उठी,
कि घर जला गयी मगर नहीं सकी जला मुझे।
ये सब हुआ मगर तभी कि पाँव जब रुके कभी,
वो दूर धूल में छिपा दिखा था क़ाफ़िला मुझे।
तभी से बेकरार हूँ, ज़मीन से फ़रार हूँ,
इशारतन वो काफ़िला बुला रहा, बुला मुझे!

# कोई सोये साथ

कोई सोये साथ भले पर, जगते सभी अकेले हैं,
सबकी अपनी ही थकान है, सबके अलग झमेले हैं!
आगे गये कि पीछे रहे, सब ही आँखें मींचे रहे,
चकमक तक ही साथ सभी का, दिन के ही सब मेले हैं।
इधर पुकारा, उधर पुकारा, मैंने सबको बहुत पुकारा,
याद रहे, बरफाते हैं सब, सब पानी के रेले हैं।
रस्सा-कश्शी, 'डेंगा-पानी' सम्बन्धों की यही कहानी,
छूना चाहो तो भागेंगे लोग, साथ जो खेले हैं।

# दिन

मेरे भी दिन बीते कैसे!
कुछ कल्पित सुख के अभिनय में,
कुछ अर्जित दुख के संचय में,
कुछ औने-पौने निर्णय में,
ऐसे-वैसे, जैसे-तैसे!
कुछ स्मृतियों के रिसाव में,
कुछ कुण्ठाओं के कसाव में,
कुछ बेगाने आव-ताव में,
चिन्ता की कुण्डलियों-जैसे!
कुछ सिहरी-सिमटी भूलों में,
दुविधा के झिलमिल झूलों में,
कुछ काँटों में, कुछ फूलों में,
अनजीते, अनहारे जैसे!

## सूराख

मैं अँधेरे में नहीं सोती कभी भी,
मुझे चौकन्ना किया करता है अँधियारा अभी भी—
रोशनी मुझको कहीं सूराख से आती हुई
आश्वस्त करती है कि जैसे
देखकर निश्चिन्त हो जाता है बूढ़ा देखके
पाँव लाल बहू के
डोली से उतरते।

## क्षमा

आदिदेव, मुनि-किन्नर, ऐ हुज़ूर—
जो भी अपराध हुए हों जाने-अनजाने,
जो होते-होते रह गये हों,
हुए कि हुए भी नहीं हों जो शायद—
उन सबके लिए प्रभो,
सजल क्षमा-याचना,
घोर प्रायश्चित्त हो स्वीकार!

ब्रह्मा से क्षमा
कि अनाहूत देह धरी,
विष्णु से क्षमा
कि पले धृष्ट भाव से, अपालित
और क्षमा आशुतोष से
कि प्रलय की घड़ी
लास्य हम रहे नाचते!

# गृहिणी की डायरी

# देह-वंशी

चन्दन की सहज झुकी, मेहराबी डाल-सी ये बाँहें—
तुम्हारी बाँहें—मेरी पातंजलि—
जो कभी सिर्फ़ बौराया-सा नाग होती हैं
और कभी सिर्फ़-सिर्फ़ ख़ुशबू—इनसे प्रार्थना है।
आँखें—जो मन्दिर के भग्न पट-सी
बन्द होकर भी नहीं ही बन्द हो पातीं—इन्हीं से प्रार्थना है।
होंठ जो मणिदीप हैं गहरी गुफ़ा का,
देह—पत्थर काटकर छीना गया पथ
जहाँ मन की भीलनी जूड़ा सजाती है—
करौंदों से उलझती-सी बढ़ी जाती है अगम तक—
बस लहर-सी!
आज इनको ही समर्पित प्रार्थना हूँ मैं
कि अपने रोम-रन्ध्रों में मुझे निष्काम बजने दो—
सुबह की आरती की घण्टियों-सा
और अपनी इन नसों की तंग गलियों में
उमड़ते तीर्थकों के भाल का रोली-सना-सा
स्वेदकण बन झिलमिलाने दो!
तुम्हारी अगरबत्ती हूँ—बिना लौ के जली जाती—
अजानी किसी कोने में
कि शायद जज़्ब कर पाओ कभी तो
राख के भी पार की ये सहज घुँघराली
धुएँ की कुछ लकीरें—शंख-सी इस तलहथी की
ओस-भीगी अंजलि में!
समय का क्या है कि मेरे सारथी,
समय ही कल कर्ण के रथ-सा रुकेगा
समय जो अब तक हमारे सजल वृन्दाओं में

अनजानी दिशा को दौड़ती-सी धेनुओं-सा मग्न है।
व्यस्तता भी एक चीवर है, बुरा मत मानना,
यह बाँसुरी टूटी हुई है
तुम सुदर्शन चक्र वाले महाभारत के विवेकी कृष्ण हो
कि मैं तुम्हारे पाँव छूती हूँ,
तुम्हारी बाँसुरी का स्वप्न अपने गर्भ में धारण किये
मैं पार यमुना के चली जाऊँ तो मेरे नाम पर तुम
एक छोटी नाव पत्तों की बहा देना
अधर से फूँककर
यह देह-वंशी!

## दो शहरों की नौकरी-1

बदल गये हैं आशय गीतों के,
पिया ही नहीं जाते रंगून,
पत्नियाँ भी करती हैं 'टेलीफून'
जैसे कि मैंने किया और सोचा–
दूसरे शहर से
फ़ोन पर तुम सिर झुकाये
यों खड़े होगे कि जैसे
किरणों का गुलाबी रिसीवर उठाये
कमल ताल का शाम चार बजे :
अधसोया, सपनीला, चिन्तित, उदास और अनुपम!
दिन-भर के काम से थकी उँगली
बार-बार नम्बर घुमाने में और अधिक थम जाती होगी।
धीरज चटक जाता होगा, चटकता है जैसे चिड़िया के पंखों के नीचे का
पूरा सेया नन्हा-सा अण्डा
जिसके भीतर से बस खुली चोंच
निकली हो–
प्यासी, मासूम, बहुत सुन्दर,
ललछौंह और इत्ती, बस इत्ती
ज्यों टेसू का टूसा!
ऐसे ही हो तुम
मैं जानती नहीं तुमको?
बोलते नहीं बनता तुमसे कुछ :
आँधी में किसलय-सी
जल्दी-जल्दी झिपती आँखें लेकिन मुझको

साफ़ दीखती हैं :

फोन पर बही जाती
मौन की नदी में
इस पार से भी।
इस नदी की एक बेबस भँवर हूँ मैं,
हूँ तुम्हारी ही लहर पर साथ बह पाती नहीं,
अन्तर्मुखी हूँ!
मुझे मुझमें ही धकेले डालता है काल निर्मम,
बाँह मेरी बाँध धरती-सा नचाता गोल है,
पर धुरी तुम हो!

तुम्हीं में तो एक आदिम गुफ़ा बनकर
रह रही हूँ,
सप्तपदियाँ सब किया पाऊँ नहीं भी तो
तुम्हारी नाभि के अमृत में मैं ही
बह रही हूँ।

## दो शहरों की नौकरी-2

तुम नहीं हो,
पर तुम्हारी पीटकर धोयी गयी ये
छींट वाली साड़ियाँ
लेटी हुई हैं अलगनी पर
अनतहायी, अनमनी-सी,
क्लान्त, खोले हाथ-पाँव!
सिर उलटकर बाल सुलझाती
तुम्हारी ही कोई मुद्रा
कि जैसे आईने से टूटकर
बाँहें छुड़ाकर, रूठकर
छिटकी खड़ी हो दूर कोने में
अकेली, ध्वस्त, कातर!
मान से छल-छल
तुम्हारी आँख का कोना
हज़ारों बार जिसके कोर से पोंछा गया
आवेश में तनकर—
उसी लापरवाह, उद्धत, खुरदुरे
आँचल में अपना
भाप से धुँधला गया चश्मा रगड़ता
मैं खड़ा हूँ
और आँचल में अठन्नी-सा बँधा
जो चाँद है न—खोएँछे में याद की
उसी से इस घुप अँधेरे दिन का ख़र्चा
चल रहा है,
चल रहा है चाय-पानी धकधकाती हीटरों पर
और मन में धुएँ वाला एक चूल्हा
जल रहा है!

# लोढ़ी की चिट्ठी

हवा तेज है
उलझ गये हैं बाल
बेतरह।
क्या तू मेरी कंघी करने
आएगा?
चोंच खोलकर फूटे हैं
मन की हाड़ी के बीज
कि क्या तू तलहथियों से
छाया करने आयेगा?
लोढ़ी गाने दूर देश से आये हैं बंजारे।
मेरी रेवड़ियाँ लेकर तू आयेगा?
एक बार, बस एक बार
दुनिया-भर से छुट्टी लेगा तू?
मुए, निगोड़े, पकी उमर में क्या मुझसे कुट्टी लेगा तू?

## एस.टी.डी.

बहुत सवेरे हाफ रेट में
फ़ोन लगाया।
        कि भैया डटकर बोले कि बबुआ काम करो तुम
        कि मन की धकर-पकर से तो ऐसे नहीं डरो तुम
        कि दुल्हिन, हाँ, अच्छी है
        कि बिल्कुल ही बच्ची है :
रात-भर धीरे-धीरे
कजरियाँ गाती है वो
कि सबसे सट जाती है,
नहीं शरमाती है वो—
        दाई से गप करती है
        कि बण्टू से लड़ती है
        खिलिल-खिलखिल हँसती है,
        फुलझड़ी-सी झड़ती है
कि क्या तुम बात करोगे
कि हाँ, मैं बुलवा दूँगा
कि चौके में बैठी है
वो नन्ही-सी पुरधायन,
अभी दौड़ी आयेगी
वो रोबीली ठकुरायन!
कि इसके बाद कहूँ क्या
कि हँसुली पहले आयी
दौड़कर हँसती वह
        घूँघर वाली आवाज़...

मगर फिर दो आवाज़ों की
आँखें मिलने से पहले,
उड़ने को बेसुध पाँखें
खुलने के पहले
ज़िन्दगी फटाक् कर गयी
पेंडिंग-से ट्रंक-कॉल-सी,
प्रॉक्सी के रॉल-कॉल-सी।

# यादें

जीवन की आपाधापी में कभी-कभी तो आती होंगी,
यादें मेरी बिन मौसम की बदली-सी छा जाती होंगी!
लोगों के षड्यन्त्र झेलते, किस्मत से शतरंज खेलते
यार-दोस्तो के बच्चों-सा धीरे हाथ मिलाती होंगी!
तरह-तरह के भोग घेर लें, सब अच्छे संयोग घेर लें—
चाहे कितने लोग घेर लें, गुपचुप पाँव दबाती होंगी!
सीपी-सी आँखें झपकाकर, खुद को बहुत अकेला पाकर
जब सागर हो जाते होंगे—मछली-सी तिर आती होंगी!
यादें हैं नवनीत अगर तो, बाक़ी छाछ अतीत अगर तो
जब भी मथता होगा मन, तब ही धीरे उठ आती होंगी!
कितने ही निर्णय बदलेंगे, भय सारे जय में बदलेंगे—
तन धरती, मन अम्बर रखना—इतना तो समझाती होंगी!
सब अपने में मस्त-व्यस्त हैं, बस अपने नक्षत्र अस्त हैं—
पर कितनी अन्धी रातें हों—हँसकर दीप जलाती होंगी।
क्या पूछें हम हाल तुम्हारा—खुद को देखेंगे दोबारा,
टूटा दर्पण, चिनका चेहरा छूकर नयन झुकाती होंगी।

## इन्तज़ार

इन्तज़ार करता है आदमी, जाँ निसार करता है आदमी,
कितने ही मोर्चे सँभालकर एक प्यार करता है आदमी!
इच्छाओं से होता युद्ध कभी, होती है दुनिया ही क्रुद्ध कभी
अपना मन भी उलझा करता है, पर किससे डरता है आदमी!
आँखों पर चढ़ता है आदमी, आँखों से गिरता है आदमी;
आँखों से आँखों के रास्ते आगे ही बढ़ता है आदमी।
धुन हर पल एक ही नचाती है, सब बातें उससे जुड़ जाती हैं,
सब गलियाँ उसके घर जाती हैं—बूँद-बूँद भरता है आदमी!
कितना भी बाँधे रहे खुद को—होता है पल लेकिन कोई तो—
कितने भी पागल हों सपने पर—ऐतबार करता है आदमी!

# मुक्तपाश

जानती हूँ–हाँ,
बहुत ही व्यस्त होंगे आप
और जो व्यस्त होता है
थोड़ा त्रस्त होता है,
थोड़ा मस्त भी;
व्यस्तता जो
                तलवे में मली गयी
भाँग है–
छुटकारा, निबटारा–एक साथ,
                                एक लय,
अपने से अपनों तक
अन्तहीन दौड़–
                                नन्ही-सी–
                                बिन्दिया-भर वृत्त की।

## घर

अपने से ही भाग रहे हो?
आओ, अपने घर आ जाओ, चाँद,
घर पिंजड़ा नहीं होता,
मंज़िल या पड़ाव भी नहीं,
होता है
लक्ष्य पास होने का
गुनगुना एहसास-भर,
सिर्फ़ एहसास—
लक्ष्य पास होने का!
पास इतना कि
कभी भी, किसी क्षण
एक बार हाथ बढ़ाकर
छू ले आदमी उसे—
अब छुए नहीं,
छू नहीं पाये—
बात और है!
नहीं, भुलावा क्या!
मृगतृष्णा, दृगतृष्णा—
मिटाये नहीं मिटती
तो नहीं मिटे,
सपने अपराध नहीं हैं,
सपने हैं नींव
उस पुख़्ता मीनार की—
चाँद तक जाती है जो
उन्हत्तर के बाद के चाँद तक!

## साक्षात्कार

जानती हूँ, अनिवार्य नहीं हूँ—
कहीं भी, किसी भी तरह;
मछली के चोएंटों-से
परत-दर-परत
बहुत-से विकल्प हैं
हर किसी के पास,
ये नहीं, वह सही,
मैं नहीं तो कोई और,
एक गिलास पानी,
एक कप चाय!
चलता है, भाई,
काम चलता है,
किसी के बगैर
काम चलता है,
चलता तो है,
चल तो जाता है न!
जानती हूँ,
फिर मैं तो मैं हूँ—
नॉवल्जिन की छोटी टिकिया-सी
उपयोगी
पर पूरी पत्ती की लॉट में से एक!
कालिदास का लीला-कमल नहीं;
इकलौता
कीमती,
अनूठा!

सार्वजनिक पार्क की बस घास हूँ, पूछो तो ठीक,
न पूछो तो ठीक, मेरे माली,
प्रत्याशा का क्या है;
बेवक़्त, बेमौसम उगती है,
देर तक ठहरकर
कब किसके बूटों से
पिसकर सो जाती है—
कौन कहे!

# रात का घर

गयी रात रोज़ मेरे मन में
कोई पटक-पटककर पोंछे का कपड़ा धोता है
और जब निचोड़ता है आँखों में :
मेरी इस आत्मा के निकटतम पड़ोसी है—
बहुत ज़ोर-ज़ोर से बिदकते हैं!
सर्फ-मिले पानी-सी चाँदनी,
फेन-मढ़े मोती साबुन-सा यह चाँद
मिलकर भी रातों के दामन का दाग
नहीं धो पाते!
बुरा वक़्त गिद्धों के डैनों-सा
उड़ा चला आता है सन्नाटा चीरता!
नींद किसी चुहिया-सी छिपती है आहट पर
और आँख दालों के औंधे डिब्बे का
अधखुला ढक्कन हो जाती है!
हाब-डीब करती है चुहिया,
भली-बुरी यादों की आँखें
बिल्ली की आँख-सी चमकती हैं!

# गृहिणी की डायरी

बांग पर अलार्म की/सुबह रोज़ उठती है—अस्त-व्यस्त।
बिस्तर टू-इन-वन है
दीवार पर पीठ टेककर झट से
बन जाता है रेक्सिन का सोफा,
रह-रहकर कहता है—'चाह'!
उढ़के दरवाज़े के नीचे से
झटके में सरकी यह अख़बारी धूप
धीरे-से मेज़ पर पसरती है,
चुन्नू के झकर-झाँम ठुके-पिटे रेडियो की
मधुमेही सूई
लेती है फिर मार्निंग-वॉक—सीलोन से पीकिंग-नेपाल तक।
झूम-झूम रटता है समय का पहाड़ा नन्हा अंकुर
हार्लिक्स की ख़ूब धुली शीशी के
गमले में!
सूरज के चहेर से पोंछती है कालिख
लाल फ्रॉक वाली यह पुरवैया,
गाती है गौरैया—'भोर या कि लाल साग,
भोर या कि बाल्टी,
भोर या कि इनका फिर खोया पाजामा,
भोर या कि चाची की हड़बड़िया आरती!'
दोपहर माने फिर दीवार पर सन्नाटा बुनती मकड़ी,
औघर, महरी और
चमकीली यादों के मर्तबान बेचती
बूढ़ी बंजारिन की पसिनाई काँख।
"शाम या कि लालटेन, शाम या कि तेल
और पास के घर का धकर-धकर जेनरेटर,

टी. वी. में गिरगिट का, किरकिट का खेल।"
रात या कि फ़ाइलें, लम्बी उबासी,
फील-पाँव दबवाती ठण्डी उदासी,
पानी में डिस्प्रिन की टिकिया-सा घुलता ये चाँद
बाँहों की माँद
और जंगल,
साँसों का दावानल!
चील-सी झपट आती मरे हुए साँपों पर नींद!
बेख़्वाब नींदों के शहर में,
धड़की धमनियों के ज़हर में
उम्मीद लेकिन फिर फण काढ़ती है,
अपना हर बासी केंचुल उतारती है।

## न्यायमूर्ति

तुम्हारी आँखों की अदालत की
धूल-भरी सीढ़ियाँ उतरते हुए
पहरों में सींकचों के उस पार जाने के पहले
मैं अक्सर यह सोचती हूँ—मेरे न्यायमूर्ति,
कि घर जब घोंसले से मंच बनता है
और मंच से काला कठघरा—
भाव की वकालत नहीं चलती,
ताव की जजी चलती है केवल!
अस्तबल की लँगड़ी-सी घोड़ी
हो जाती है पागल हवा—
नथुनों से धुएँ-सा निकालती
ज़ार की रियासत के पार खड़ी
आल्या इलोविच की भूरी-सी घोड़ी!
तात्याना घोड़ों को फूल देती है।

## सन्धि-पत्र

हाँ, तुम्हारा पिन-कुशन हूँ—
हर नुकीली बात तुम मेरे हृदय में भोंककर
फ़ासलों की फ़ाइलें बढ़ाते हो—
अर्दली से माँगते से एक ठण्डा गिलास!
कान में घण्टी तुम्हारी चीखती है—
रेत में प्यासे पड़े बच्चे—सी कितनी ज़ोर!
फिर तुम्हारे भी हृदय से एक पेपरवेट-सा जब
खिसकता है—
चिड़िया घर की चिड़ियों से उड़ते हैं पन्ने—
जालियों के भीतर ही—
इधर-उधर!
रोज़ मरी मौतों के दस्तख़त के नाम—
सम्बन्धों का पूरा त्याग-पत्र—
जेब में भिंचा करता है कभी तुम्हारी,
कभी मेरी मुट्ठियों में क़ैद होता है।

## टिकट

तुम्हारी पसीजती तलहथी में
बस के बासी टिकट-सी बेकार
मैं कभी उँगलियों से लिपटती,
कभी भाग्यरेखों की धूल-भरी सड़कों पर
पतझड़ की सूखी पत्तियों-सी उतरती
सरेआम गिरती हूँ—यों ही कहीं!

## टर्मिनल

तुम मेरी आत्मा के टर्मिनल की
पहली और आख़िरी ही
बस थे पर
तुममें इतनी ज़्यादा भीड़ थी—
भावों-तनावों की
कि पायदान से मेरे पाँव फिसल ही गये।

# सुबह की चाँदनी

सुबह की चाँदनी हूँ,
बहुत फीकी हूँ,
तुम्हारी आत्मा मैली नहीं होगी,
अरे आकाश, मुझको घोल लो खुद में
कि मैं बादल नहीं हूँ
जो बरसकर
किसी सागर के कलेजे में
छिपा ले सिर,
मैं बरसकर भी धरा पर
हूँ तुम्हारी ही अमानत—
युगों से
तुम मेरा घर हो,
तुम्हीं से शुरू होना है,
तुम्हीं में लौट आना है!
और कोई आश्रय हो ही नहीं सकता!
जानती हूँ, अँधेरा आँचल बिछायेगा,
तुम कहोगे—जाओ, उसकी उँगलियाँ लो थाम,
रास्ता मैं साथ उसके काट दूँगी,
जैसे सारी रात रोकर काटती है
हरसिंगारी डाल :
फिर सुबह होगी
कि घर होगा
कि तुम होगे
और इन बेकार फेरों पर
धरा के
चढ़ा दूँगी चिटकनी—
तुमसे बिना पूछे!

## ऋण-शोधन

ऋण-शोधन उस पार सही,
तुम धीरज रखना, मीत।
आनन-फानन, दौड़-धूप में
दिन जायेंगे बीत!
दिन जायेंगे बीत
आँख का आँसू अमिय बनेगा,
जो मेरा मन धीरे से बन
राजहंस चुग लेगा!
राजहंस चुग लेगा
सागर की आँखों का मोती
और चाँदनी में बदली
बरसेगी पद-रज धोती!
रिमझिम पद-रज धोती
भीगेगा मैला आँचल भी,
धीमी आग जलेगी,
कुछ तपती-सी, कुछ शीतल भी!
तपती-सी, शीतल भी,
तुम सिहरोगे प्रस्वेदित-से
उमड़ोगे, ठिठकोगे तुम
सेवक-से, फिर सेवित-से।
सेवक-से, सेवित-से,
खोलेगी जब जूड़ा रजनी,
हरसिंगार-सी हँसी तुम्हारी ही
गूँथेगी वेणी!
गूँथेगी फिर वेणी,
खुलना-बँधना चक्र निरन्तर

घर से राहें चलती हैं,
राहें ही लाती हैं घर!

राहें लाती हैं घर,
अपना भी घर होगा एक
सारे थके-बुझे सपने
लेटेंगे लेकर टेक!

हल्की लेकर टेक
कि यादें दुलरायेंगी
धृष्ट आलियाँ
बिना बुलाये आ जायेंगी!

बिना बुलाये आयेंगी,
उनको करना स्वीकार,
आख़िर उनका भी तो तुम पर
जन्मों का अधिकार।

जन्मों का अधिकार, किन्तु,
सूरज मेरा सिन्दूर,
भोग-योग जो भी करना,
करना मत मुझको दूर!

मत करना तुम दूर,
दूरियाँ बहुत सही हैं,
और साथ वे तो साये-सी
सदा रही हैं।

सदा रही हैं,
तब भी जो रहने आयेंगी,
मेरी मेहँदी में ख़ुशबू बन
बस जायेंगी!

बस जायेंगी
या मैं घुल जाऊँगी उनमें
बिन्दी के सन्दल-सा
मुस्काऊँगी उनमें!

उनमें मुस्काऊँगी,
पहले मिल हम एक बनेंगे,
सागर में हम
मिलकर दो नदियों-सा साथ बहेंगे!

साथ बहेंगे, मिलन हमारा
होगा नहीं अधूरा,
पंचम-षडज मिलेंगे,
तब तो गायेगा तम्बूरा।

गायेगा तम्बूरा,
बन आकाश बजोगे,
दिग्दिगन्त में
ब्रह्मनाद बनकर फैलोगे।

## मेरे मन की नागासाकी

मेरे मन की नागासाकी में
ध्वस्त विभव-सा प्यार पला।
दीवारें टूट गिरीं लेकिन
बुनियादें सख्त लिये चेहरा
स्मृति की संचित निधियों पर
निष्कम्प खड़ी देतीं पहरा।
गहरा बोया टूटे घट में
टूटे मन के टूटे मठ में
रूखी, मटियाली चादर की
तह में झिलमिल संसार पला।
हर शाम बड़े पंखों वाली
वह चील कहीं से आती है।
सपनों की पोली टहनी पर
कुछ देर ठहर उड़ जाती है।
क्षण उड़ते हैं, मन उड़ता है
भीगे-से उजले पंख खोल।
सूनी-सी उजड़ी बस्ती में
अब कौन करे घर-बार भला?
योगी-सा बैठा है कोई
कोने में अलख जगाता है।
धूनी में पीड़ा की कच्ची
समिधा-सा कुछ सुलगाता है।
है समय-गन्ध कस्तूरी-सी
हर ओर धुआँ हो फैल रही।
लपटें ऊँची उस पार उठीं,
जलयान यहाँ, इस पार जला।

सागर करवटें बदलता है,
बिजली की नाव उचकती है,
बदली लहरों-सी उठ-गिरकर
धरती को नभ से ढँकती है।

कैसा सम्बन्ध अटूट, प्रबल!
विच्छिन्न, नहीं फिर भी एकल!
है सूत्र कहीं तो कोई जो
तम के घिरते ही दीप जला।

# पुराने प्रेमी का सन्देश

अब भी तो तुम मिल
जाते हो छठे-छमासे–
जितनी देर रहा करते हो,
बस उपदेश दिया करते हो :
“तन्मयता से सेवा करना,
मुझसे जैसे लड़ लेती थी–
देखो, उनसे कभी न लड़ना।
कभी ज़रूरत हो कोई तो
नम्बर रख लो, कह-भर देना,
कभी आजमा लेना मुझको,
कभी अरे हाँ, अवसर देना।
चाँद-सितारे तोड़ तुम्हारे
आगे अब भी रख देने की
साध जगा करती है मन में
कभी-कभी तो उठ जाता हूँ
बिस्तर से मैं झटका देकर,
कुर्सी सीधी कर लेता हूँ
या फिर बड़े-बड़े पग रखकर
आ जाता हूँ जल्दी दफ़्तर,
भूतों-सा मैं खट लेता हूँ,
ध्यान तुम्हारा आये जैसे,
जल्दी से करवट लेता हूँ।
डिस्प्रिन अक्सर खाता हूँ पर
हँसता हूँ मैं बिल्कुल खुलकर
मैंने जीना सीख लिया है–

कार्नेगी की पुस्तक पढ़कर
हँसती हो?
यह हँसी तुम्हारी मुझे बना देती है जोकर,
जी कहता है—कलाबाजियाँ
और दिखाऊँ तनकर-झुककर।
हँसना-हँसना,
हरदम हँसना,
कसना-कसना
ख़ुद को कसना,
मगर किसी पर गुस्सा हो तो,
मुझ पर ही तुम सिर्फ़ बरसना,
इतना हक मेरा रहने दो,
गुस्सा तो मुझको सहने दो
तन्मयता से सेवा करना—
जैसे मुझसे लड़ लेती थी—
देखो, उनसे कभी न लड़ना।"

# अपराध

अपराध से भीगी ललछौंह देह
जर्जर होती है और बेचैन–
उतनी जितनी
समुद्र संस्कार का खारा, बड़ा और गहरा।
अक्सर मन की बूढ़ी औरत
बीच सड़क
और राम का नाम लेती
भर-भरकर बाल्टी नहाती है :
"गंगे-हर-हर गंगे-राम-सियाराम।"
धूप ओढ़ सिहरनें मिटाती है
खुद से ही कुछ-कुछ बतियाती-सी
हँसती-सुबकती सो जाती है–
मन्दिर के पिछवाड़े बासी मालाओं के ढेर से
नन्हे बताशे उठाती
आरती से चौंकती,
खुद से ही आँखें बचाती,
आत्मा की शंख पूरी शक्ति से
फूँक-फूँककर बिल्कुल थक जाती
कातर, निस्तेज मगर चेतन।
जितनी भी गहराती है रात,
उतनी खुल जाती हैं आँखें–
गहरी सुरंगों के दरवाज़ों-सी धीरे-धीरे
और कहीं जलती है मद्धिम-सी रोशनी
प्रियतम के क़दमों की आहट के पार :
एक कल्प पहले के सपने-सी।

## प्रार्थना

हे जाह्नवी, भागीरथी नहीं कहती
जाह्नवी ही कहती हूँ–
स्मृतियों की पियरी
का खोएंछा और कहाँ खोलूँ मैं?
और कौन-सा तट अब मेरे लिए है?
अपनी हर नाव में
एक-एक चिनगारी छोड़ आयी हूँ
लपटें ही पाल अब रहेंगी,
तुम अपनी लहरों की उत्तुंगता से
ऊर्ध्वबाहु लपटों की स्पर्द्धाएँ
झेल लेना!
इतना विस्तार और इतनी पवित्रता–
दोनों ही चाहिए मुझे!
कोई सहज विस्तृति
इस तट की दुनिया में
पावनता की सगी सखी नहीं,
सौत है!
साथ ही नहीं निभता!
बार-बार निष्कासन-निष्कासन,
मन ही अब वन है,
वनवास कहाँ!
कहाँ लिये जायेगा मुझे–
अन्दर की भटकन,
न राम, न लक्ष्मण–
आँखों के कोरों में

हर पल कि हर क्षण
एक पनियाई अयोध्या,
एक ध्वस्त वृन्दावन–
दोनों का सन्तुलन
चाहिए,
पावन विस्तार गहन चाहिए।

## गर्मी की साँझ

रात की इस साँवली, घुमौरीदार पीठ से
टिकाये लाल, छिली हुई पीठ
एक नंगा एहसास जवाँ बैठा है—
चाँद की
मोतियाबिन्दी आँखों से
चूती है ओस बेआवाज़!
ताड़-पंखा झलती लड़की
—चटाई पर—
गाड़ती है बढ़े हुए, जामुनी नाखून!
अभी-अभी कोई यहाँ गालियाँ खँखारकर
लगा गया है हाथ दो-चार,
लड़की को मरे हुए बाबूजी
बार-बार आते हैं याद!
बाबूजी कहते थे—"बिटिया री,
तू मेरे आँगन की गौरैया—
कितना मीठा-मीठा गाती है,
मेरी तकलीफ़ें चुग जाती है।
नन्हा-सा नीड़ एक ढूँढूँगा—
किरणों का, फूलों की डाली पर,
घर तेरा हो जैसे रंगोली—
चन्दन की—पूजा की थाली पर?"
पूजा की थाली पर दाल-भात-सब्ज़ी है,
गौरैया बिल्कुल अब गीत नहीं गाती है,
कभी-कभी कूड़े से चुन लेती है दाने—
दफ़्तर के पंखे पर यों ही सो जाती है—
रात की साँवली, घुमौरीदार पीठ से टिकाये लाल,
छिली हुई पीठ।

## गीत

कुण्ठाओं की काल-कोठरी के उस एक झरोखे से
कभी मुहब्बत की चिड़िया जब आ जाती है धोखे से,
बन्दी सपने हाथ उठाकर दे लेते हैं ताल नयी,
ख़ामोशी की काली मिट्टी पर उगते हैं फूल कई।
जीत-हार की तेज़ धार पर हँसता-हँसता चलता है,
हर छाती की नर्म गोद में एक भरम तो पलता है—
वही बड़ा होकर लड़ लेता है भीतर के युद्ध कई,
और प्रलय की बाँहें पकड़े हो जाता है कालजयी।
लाज-शरम के, दीन धरम के तंग हरम से आती हैं,
चिकें उठाकर मर्यादाएँ धीरे कुछ कह जाती हैं,
राज-काज सब छोड़ नियम तब दुनिया के उठ जाते हैं—
ख़ाली सिंहासन करता है शंकाएँ निर्मूल कई।

## अवान्तर

तुम्हारी हंस-पर-सी तलहथी की गोद में—
अलस क्षण की थपकियाँ मैं
ओढ़कर निश्चिन्त सोयी
गिलहरी हूँ, राम,
रोम-रोम पर मेरे धीरे-धीरे उग गयी हैं
सुनहरी धारियाँ ये जो,
सीता की किरणमयी माँग के
सिन्दूर के दो कण
कहीं आशिष-सरीखे झड़ गये होंगे...
विजन वन में अचानक
पंखुड़ी ज्यों सिहर झड़ती है :
बहुत दिन रुक गये आँसू
अचानक बरस जाते हैं कभी
छिपते-छिपाते
काम की धुन में।

## आँखें

आँखें तुम्हारी ज्यों सूरज
कुहरे का फटा हुआ, बन्दगला कोट पहने
मदर-डेयरी से कुछ दूध लिये जाता हो,
शहद
और
बब्बूगोशों का छोटा दोना भी!

## पेशानी

सोने-से माथे पर धूप
लगाती है त्रिपुण्ड–
            बड़े पण्डित हो–
कौन सबक सिखाने चले आये, ब्रह्मर्षि
कुटिया का द्वार बिना खटकाये–
            सीधे–भीतर।

## हँसी

ज़रा फिर हँसना—
देखूँ, ये रग-रग में दमक रहीं रसभरियाँ
किस रस्ते लाल गुफ़ा में गयीं!

## होंठ

होंठ तुम्हारे
आलते की तूलिका-से
हल्के गुलाबी और ये चुए-वे चुए से, डबाडब—
बिन्दी लगा देंगे तलवे पर

## केश

मुझसे मुँह फेरे
क्यों उड़ते हैं
केश ये तुम्हारे
आँखें भी इधर-उधर!
मेरा तट?

## बोली

तुम्हारी जो बोली है—
गन्ने की गण्डेरी—
कितनी भी सख़्ती दिखाये,
छिल जाती है
परत-दर-परत—
चम-चम, टप-टप :
मेरे मुँह लगते ही!
मेरे मुँह में मुँह का तुम्हारे
स्वाद ज़रा-सा
रहता है हरदम!

## घड़ी

घड़ी बन्द है
और मैं भी—
घड़ी-जैसी मैं—
निष्प्राण-हल्की उमेठ की प्रतीक्षा में—
दीवार से जकड़ी—
लाचारी में अपनी
        छोटी-बड़ी बाँहें
        अलग-बगल लुढ़काये—
        जैसे बिदोड़े गये होंठ,
        खिलवाड़ी बच्चे की ज्यामिति की कॉपी में
        कोण दो सौ बीस डिग्री का—
        या फिर उल्टा दूज का चन्दा,
        अधखायी नानखटाई!
पता नहीं, कितना बजा है :
छाया की छतरी उठाये
यह तन्वंगी धूप—
फेंस क्यों फलाँगती है?
कुण्डी क्यों खोलकर
नहीं जाती
आँगन से
देहली पर—
वक़्त की रजिस्टरी छुड़ाने
                बादस्तख़त!

## चादर

इसी एक चादर पर पिछले साल
मूँग की बड़ियाँ डालीं!
कितनी बार पसीना पोंछा इससे ही!
पोंछी बिंदी, स्याही,
क्लान्त, कटी उँगली भी।
कितनी बार गठरियाँ बाँधी
इसकी भी।
                रातों को जब
                बढ़ी ठण्ड तो
                ले पूरा तोशक
                ले मुझसे चिपक गयी!
संघर्षों के/हैण्डलूम की चौहद्दी—
                बेरंग कि झुर्रीदार!
                मेरा सारा दाय इसी में बाँध
                ताख पर रख देना तुम—
                अस्थि-कलश के साथ!

# आहटों की चिलमनों से

बर्फ़ की दीवार के साये में बहती ज़िन्दगी
ठिठुरने ही ओढ़कर करवट बदलती ज़िन्दगी!

रेत का सागर जमा बैठा है आँखों में यहाँ
और सागर की मछलियों सी फिसलती ज़िन्दगी!

उम्र का बरगद रहा बेघोंसला, फूला नहीं,
फुनगियों पर याद की बन धूप जलती ज़िन्दगी!

क्या सफ़र था, आँधियाँ उठती रहीं हर बाम पर,
ख़ूब थी वह कारवों से दूर चलती ज़िन्दगी!

आहटों की चिलमनों से बाट हम जोहा किए,
हर हवा पर काँपती, गिरती-सँभलती ज़िन्दगी!

वक़्त की बदली निगाहों से मिलाती आँख यों
रह गयी ठिठकी खड़ी वह आँख मलती ज़िन्दगी!

क्या कहें अब, हम तुम्हें अब क्या करें बादेसबा,
कब खिली थी आसरे काँटों के पलती ज़िन्दगी!

हो गयी हर शाख सूनी, गाज कुछ ऐसी गिरी,
बस उसूलों की तरह बुझ-बुझके बलती ज़िन्दगी!

कट गये जो, और भी कटते चलेंगे दिन, अरे,
क्या नहीं है, क्या न होगी, क्या नहीं थी ज़िन्दगी!

ये अधूरे स्वप्न, टूटी प्यालियों से अधभरे
केतली में बुदबुदाये बिन उबलती ज़िन्दगी!

# मौसम

## बारिश : एक

दोपहर के अलस एकान्त में
पेड़ों के नीचे जा बैठती है धूप कहीं
और गोद में
धानी चादर सँभाले
काढ़ती है कितने महीन बेल-बूटे
गुलमोहर, केतकी, गुलाब।
सारी विफलताएँ, भली-बुरी यादें
गठरी में बाँध चली जाती हैं धोने
आँखों की कुल-वधुएँ
सपनों के पनघट पर।
गीतों की फ़सल तभी पकती है,
चिड़िया को न्योते दे आती है
इस बयार की पुरखिन नाइन—
लड़कर परदेश गये प्रियतम की चिट्ठी-सी
नरम-गरम
होती है जब पहली बारिश।

## बारिश : दो

एक बड़ी-सी बूँद ने मेरी पीठ में छापा मारा,
मेरे मन के तहखाने 'खुल जा सिम-सिम' हो गये!
एक झपट्टा खुली हवा का वर्दी झाड़े आया,
अन्दर के खिड़की-दरवाज़े—सब छिन-भिन हो गये।
खोज-बीन में, उठा-पटक में खोया चैन मिला,
बुझे चले जाते मनसूबे सब टिम-टिम हो गये।
बहुत थकन थी, बहुत उदासी, गहरा सूनापन,
आज अचानक ही जूड़े में उलझ गया कंगन,
आँगन ही देहली बन बैठा या देहली आँगन
तन-मन-उपवन, छाजन-बासन—सब रिमझिम हो गये।

## ऐसे झाँकी धूप

शिशु कोई रोता-रोता ज्यों सहसा ही मुस्का दे,
मृत-शंकित-सी तितली कोई पंख तनिक सिहरा दे,
निन्दा-निपुण मित्र की आँखें स्तुतियाँ बरसा दें,
सदा मौन मुख दादी माँ ज्यों मस्त कजरियाँ गा दे,
अपने हाथों लगी पौध में पहली पंखुड़ी फूटे,
पतझड़ की टहनी का अन्तिम पीला पत्ता टूटे।
बहुत दिनों के बाद सँवर माँ बिन्दी बड़ी लगाये,
बहुत गिड़गिड़ाने पर जैसे भीखा रोटी पाये,
कालकोठरी के मेघों की ऐसे झाँकी धूप,
अपने मानो दूर गाँव से पैदल मिलने आये।

## सन्नाटे

बादलों के पार
भाँती फट गयी है हारमोनियम की,
मौसम का नौसिखुआ गायक
हल्का-सा बेसुरा हुआ है–
विषम पर ही अब ताल देने लगी हैं–
मन के इस महोदधि की बेसुध लहरें!
सरगम की रेलिंग से कूद पड़े हैं स्वर
कण्ठ के बरसों से जमती रेत के इस ढेर पर
अधबनी पड़ी है यह देह की इमारत–
जिसके पीछे दिन-भर खेलते हैं सन्नाटे–
गिल्ली-डण्डा, लुका-छिपी, इक्कर-दुक्कर।

## सुबह

सर्द पड़ जाती
अलाव के पास
ऊँघ रहे बच्चे-सी सुबह
धीरे-धीरे आँखें खोलती है—
धरती की अधखुली किताब पर—
कोहरे की जिल्द जिसकी फट गयी हो!

## दोपहर

धूप का गुस्सा
दिनों-दिन बढ़ रहा है—
चिड़चिड़ी-सी हो गयी है धूप—
ख़ूब रूखा बोलती है
धूल की बोली
धमकती धू-धकर,
बड़बड़ाती बैठती है हॉस्टल की फेंस चढ़।
घर लिखा करती है चिट्ठी एक टुकड़ा छाँह पर,
डाक में डाले बिना ही फाड़ती है ऊबकर—
आँसुओं में या पसीने में पगी-सी, तर-बतर!

## शाम

ढल गयी है शाम टेबल पर
साँस ठण्डी छोड़कर, कार्डिगन ढीली कर
कान से सूखे हुए पत्ते उतार
टूटकर अँगड़ाई लेती है कनेर।
धूप की साड़ी में सलवट पड़ गयी है।
केतली में खौलता है अँधेरा।
तश्तरी में सैण्डविच बासी पड़ा है—चाँद
हो गयी जो वक़्त के दफ़्तर में छुट्टी—
क्रेश से आसमाँ के
तारे झाँकते हैं!

# चिट्ठी

चिट्ठी नहीं आती—
पिजन-होल ख़ाली है :
कबूतर नये घर
बनाते होंगे
फूलती उन झाड़ियों में!

## जेठ

बिल्कुल ब्रह्माण्ड पर
चुल्लू-भर तेल-तेल-सी चिप-चिप धूप थाप
बरगद की जटा या कि नानी की लट रूखी
उँगली से सुलझाये जाती है हवा
दूर वहाँ खिड़की के पार!
मनिहारिन-सी
मारकर पालथी
जेठ की दुपहरी
वह लगाती है बाज़ार
रोल-गोल्ड की पत्तियाँ-डालियाँ,
बिन्दियाँ, चूड़ियाँ फैन्सी
बेचती!

# दीवाली परदेस की

## नदी

जब तुमसे मिलती हूँ,
रोम-रोम कर लेता है—गर्भ धारण,
ख़ून की नदी में
गहरे बजता है खन-खन,
दुनिया के पहले बच्चे का
वह उच्चारण
वर्णों से परे, सिर्फ़ घोष!
आँखों में रोशनी के रास्ते,
और नाक में आतुर गन्ध की तरह खिलते,
जिह्वा को मिलते
उपवास के बाद के पहले ग्रास की तरह—
षट्‌रस
बाँहों में धीरे-धीरे बहते
माँ की पहली घुट्टी की ताक़त-सा
छल-छल
तलवों में घुस आते हो जैसे
बर्फ़ हुई मिट्टी में
धूप घुसी आती है—टन-मन!
जब तुमसे मिलती हूँ...

## दुछत्ती

हरदम कुछ-कुछ
छूट जाता है मेरा–
          तुम्हारे ही पास,
          तुम्हारा मेरे
जल्दी-जल्दी बाँधी
गठरी घर आ खोलो
          तो आधा यहाँ, आधा वहाँ!
कैप यहाँ, कलम वहाँ,
तिनके इधर, उधर पंखुड़ियाँ,
जिल्द यहाँ, वहाँ है किताब,
हृदय यहाँ, वहाँ है दिमाग़!
          इस घर से उस घर तक,
          नगर से नगर तक,
          पूरब से पश्चिम तक,
          दुनिया से दुनिया तक–
साइबेरिया की ऊँची उड़ती चिड़िया
पंखों से छवा दें दुछत्ती जो–
          अच्छा हो!

## बउआ की भूख

मद्धिम-सी आँच पर कड़ाह में
अँधेरा चढ़ा था—बाहर
 और गुड़
 मन के भीतर :
पकता, गाढ़ा-गाढ़ा
सटता, महकता सोंधा,
लपट, आग!
फुल्के-सा फूला था चाँद,
भूख लगी थी—बउआ को मेरे!

## दीवाली परदेस की

1

दो मेरे फेफड़े ये : दो कमरे।
एक में हृदय करता है खट-खट
और दीवार पर
झट टाँग देता है
तस्वीरें, पोस्टर!
दूसरे में रहता है ख़ालीपन
और मेरे तुम :
तुम भी रहते हो :
दूर-दूर से देखते सब कुछ,
धीरे-धीरे उदास होती,
फिर भक् से हँस देती आँखों से!
भक्—जैसे जलता है लाइटर
दरबान का—
हॉस्टल के कन्धे
दो दीये जलाता—
दीवाली में सबके घर जाने पर।

2

असमंजस में
कुट-कुट खाती है नाखून
खिड़की पर झुकी हुई शाम।
पिछवाड़े के घर में
लटका है ताला,
बजती चली जाती है घंटी
क्या जाने किस टेलीफोन की!

एक दुबली मोमबत्ती बस
लौ की गठरी लेकर
कोने में गल रही—उदास,
धुआँ-धुआँ आँखों से देखती
हर छत पर कैसे
अँधियारे के आँचल
टँकती है
झलर-मलर गोटे-सी
नखरीली फुलझड़ी!

3

दीवाली है न?
घर पूरा बुहार दिया होगा किसी ने,
झाड़ा होगा कोना-कोना,
क्या मुझको भी?
कुछ थोड़ा अच्छा
पकाया होगा,
रखा होगा ढँककर कोने में—
मुझको भी?
तुलसी के चौरे पर
बनी होगी अल्पना
कि नहीं?
सारे ही रंग वहाँ छूट गये,
कूँची अकेली आ गयी साथ मेरे;
क्या होता होगा!
दीये भरे होंगे वहाँ
मगर आग
मेरे ही भीतर कहीं दुबकी
चली आयी यहाँ!
कोई लिफ़ाफ़ा इतना चौड़ा होगा क्या :
कूँची के माथे पर
लगाकर लपट की रसीद
पार्सल कर दूँ?
अब समझी

होती है क्यों लालमलाल
डाक की पेटी :
                लपट-लपट!
अँधियारा लिख लोढ़े पर पत्थर :
लिखेगा कौन भला चिट्ठी!

4
भीतर या बाहर विस्फोट हुआ—
                नींद खुली
आँखों में छूटे थे क्या अनार?
कैसा कसैला भर गया धुआँ,
कैसी है गरम-गरम राख
                यहाँ—मुँह के भीतर!
लाओ, मुँह धो लूँ
                है रोशनी थोड़ी-सी
बची हुई?
कुरते के कोरों से मुँह पोंछूँ?
भीतर टूटी तेल की कुप्पी,
बाहर कहीं लपकीं लपटें
                तेन्दुए की जीभ-सी
                बहुत खुरदरी, लाल, टुह-टुह!
मेरी साड़ी कितनी लाल रंगी है इनमें
                देखो-देखो!
कैसा बढ़ा जाता है मेरा आँचल,
जलता हुआ लाल आँचल,
                खोएँछे में पूरा घर,
                घर-बाहर,
                उनको भी, तुमको भी,
                धरती को, नभ को भी
                जल्दी-जल्दी बाँधे
                पालकी में बैठता हुआ-सा
                मच्छिन्न, दप-दप!
कहाँ ख़त्म होगा यह सफ़र?

मेरी ससुराल कहाँ है,
कहाँ मेरा नैहर?
बोलो-बोलो-बोलो...
ऐ कहार बोलो।
बिन्दी मेरी ठीक है न?
फैला तो नहीं मेरा सिन्दूर?
कितनी जल्दी, उफ़, कितनी जल्दी
छूटा चला जाता है सब-कुछ
ऐ कहार—पानी मिल पायेगा—थोड़ा-सा?
आँचल की आग
बड़ी प्यासी है।

## चुप्पी

चिड़ियाघर में
आस-पास पड़े पिंजड़ों से
गर्दनें बमुश्किल निकाले—
चोंच मिला
चुप्पी से चुप्पी कुछ बोली—
            बहुत देर!
पंखों पर जमा रहा
धूल का कसैलापन :
            एक पहर उसके भी बाद!

## एकबैक

भुट्टे में हरी छाल के भीतर,
एक-एक कर आता है दाना
दानों में एकबैक आता है
पंछियों का झुण्ड!
मन में, घर में, सारी दुनिया में
एक-एक कर आती है
चिन्ता, सन्तोष, उम्र की थकान!
एकबैक आता है विप्लव,
एकबैक आता है प्यार!

## याद

गये हुओं की साँसें ही
बनती हैं जंगल की आहें!
गये हुए कभी नहीं जाते!
बजते हैं जब
झुक-झुककर उठता है जंगल,
बजते हैं...
बजते हैं
जब घोंट देती है हवा की सड़ाँध
बिल्कुल अकेली-सी शेरनी की
थर्राती साँस!

# बाढ़

आदमी नहीं टूटता जल्दी,
सब कुछ ही झेल लिया, सोख लिया करता है :
जैसे धीरे-धीरे धरती पी लेती है सब पानी :
            बाढ़ का
दुनिया की सबसे भयंकर उस बाढ़ का!

## गन्ध

धरती में छुपी हुई
खानों का धीरज ले
होता है बीज आदमी,
बोता है बीज आदमी
                    और फिर
छत्तीस बरस बाद
हीरों की कनियाँ चटकती हैं
पन्नों के झुरमुट में।
माणिक पक जाता है।
                    गुच्छा-गुच्छा
तो अचानक
चाँदी के सूपों में
धूप बाँट आती है
                    गन्ध का बयाना :
चौंकता है बच्चा
आस-पास सदियों से बैठे हुए
दो अपरिचित
चौंककर पहचानते हैं
                    एक-दूसरे को!
जो कुछ भी होता है
दुनिया में अचानक,
उसके पीछे होते हैं ये ही :
रोम-रोम भीगे हुए पेड़ों की ख़ुशबू,
धरती में छिपी हुई खानों का धीरज!

# औरतें

काम-काज वाली तमाम औरतें
सोती हैं बस बस में,
गोदी में जनपथ के सस्ते-सस्ते स्वेटर,
फ़ाइलें, किताबें, बच्चे
और झोले में सुपर मार्केट के वे पैकेट,
लिए-दिये, गिरती-पड़तीं
धूप में ज़रा झुलसीं,
'फेयर एण्ड लवली' में रची-बसीं।
सीटों से टिककर भक् देखती हैं चेहरा :
"मिल पायेगी कोई जगह कहीं?"
और ज़रा-सी भी मिल जाती है तो
सो जाती हैं खिड़की से टेके सिर,
मुँह खोले हुए!
नयी-नयी जगी हुई ये औरतें
सोती हैं कितना ज्यादा डरकर,
चौकन्ना,
हर आहट पर
काँपकर उठतीं!

## दुःख

दुःख बड़ा क्या है, उसने पूछा—
मौत या कि मौत का आतंक?
भूख-प्यास?
तंगी रहने-सहने, ओढ़ने-बिछाने की?
बात-बात में मन को मारना? दबी हुई चीखें खँखारना?
बिल्कुल जबर्दस्ती वारना—फीकी मुस्कानों की लड़ियाँ?
'हाँ-हूँ' की भक्-भुक् फुलझड़ियाँ?
दुःख बड़ा क्या है?
प्रिय का उस पार चला जाना? बेटे का पास नहीं आना?
बेटी की टूटी गृहस्थी? दुश्मन की वो धींगामस्ती?
सहमा हुआ छोटा बच्चा? दंगे, कलह, मारपीट?
परदेश में घर की यादें? रिश्तों की हिलती बुनियादें?
दुःख बड़ा क्या है?
वर्षों की इज़्ज़त पर पानी? षड्यन्त्रों की यह मनमानी?
बँटवारा? उचटी निगाहें? झूठे आश्वासन? अफ़वाहें?
देश का रसातल में धँसना यों? नाव का किनारे उलटना?
गलतफ़हमियाँ और दूरी? बेकारी? दब्बू मजबूरी?
दुःख—बड़ा दुःख क्या है?
भीतर धधकती हो इतना कुछ करने की ऊर्जा,
और सामने सिमटा हो सब-कुछ :
अवसर, पाथेय, पथ, आशिष, अभीष्ट,
किन्तु बँधे हों दोनों हाथ : कहो, ये ही क्या?
कभी-कभी लेना सुख, हरदम ही देना सुख,
लेना सुख, देना सुख : देने की हालत में हो ही नहीं पाना,
सबसे बस लेते ही, लेते चले जाना,
सबसे बड़ा ये ही दुःख शायद।

## ऋषिका

वह है भी और नहीं भी–
ऋषिका, अपनी नन्ही बेटी!
है–जैसे होती है हवा
सुबह-सुबह
होंठों पर ओस के
नहीं तो नहीं–जैसे होते नहीं आँसू
रोकर पूरी रीती आँखों में।
ठण्ड बहुत : साँसों से बुन लेता है नन्हा स्वेटर अब :
मैं उल्टे फन्दे डालूँ तो तुम
सीधे फन्दे डालो साँसों के :
गरम-गरम,
ऊदे, मुलायम,
फर वाले!
लाओ, शहद आँखों से ढालो–
थोड़ा-सा, यहाँ
इधर कलियों पर :
ये ही तो आधा खुला मुख है बेटी का :
सँभलो, फैलाओ नहीं
मक्खी आयेगी–
यों भी हर ओर यहाँ कचरा है।
हाँ-हाँ–ये जो भूरा बछड़ा है :
उसके ही पास धरी हैं उसकी आँखें।
माँगो कजरौटा तो नाइन से :
अँधियारा सारा अंजन कर दूँ
मैं जग का–
माँ हूँ मैं,

मेरे भरोसे ही बीमार पड़ता है चाँद!
जाओ, अब दूध पिलाऊँगी मैं,
सोओ कि इसे सुलाऊँगी मैं :

उफ़, करवट फेरो कि जगह करो
मत खींचा-तानी बेवजह करो!
नन्ही हथेलियों के कोष्ठक ये
मेरे इस चेहरे का शून्य घेरकर लेटे :
आओ, अनन्त-सा जुड़ो तुम।
जाओ, अनन्त में मुड़ो तुम कि ढूँढ़ो तो—
वह है भी और नहीं भी।